버전업! 가장 쉬운

독일어 축약 단어장

김미선 지음

동양북스

초판 6쇄 | 2017년 9월 20일

지은이 | 김미선
발행인 | 김태웅
편집장 | 강석기
편　집 | 김현아
일러스트 | 이원준
디자인 | 방혜자, 이미영, 김효정, 서진희
마케팅 총괄 | 나재승
마케팅 | 서재욱, 김귀찬, 이종민, 오승수, 조경현
온라인 마케팅 | 김철영, 양윤모
제　작 | 현대순
총　무 | 한경숙, 안서현, 최여진, 강아담
관　리 | 김훈희, 이국희, 김승훈, 이규재

발행처 | (주)동양북스
등　록 | 제 2014-000055호
주　소 | 서울시 마포구 동교로22길 12 (04030)
전　화 | (02)337-1737
팩　스 | (02)334-6624

www.dongyangbooks.com

ISBN 978-89-98914-55-4 13750

ⓒ 김미선, 2013

▶ 본 책은 저작권법에 의해 보호받는 저작물이므로 무단 전재와 무단 복제를 금합니다.
▶ 잘못된 책은 구입처에서 교환해드립니다.

이 도서의 국립중앙도서관 출판예정도서목록(CIP)은 서지정보유통지원시스템 홈페이지(http://seoji.nl.go.kr)와
국가자료공동목록시스템(http://www.nl.go.kr/kolisnet)에서 이용하실 수 있습니다.
(CIP제어번호:CIP2013021716)

머리말

새로운 언어를 배울 때 글과 말의 가장 작은 단위인 어휘가 기초가 된다는 사실은 누구나 알고 있습니다. 언어의 기초인 어휘를 쉽게 기억하고 암기할 수 있도록 이 책은 독일의 일상생활에서 자주 사용되는 어휘들을 테마별로 담고 있습니다. 아침에 일어나 저녁에 잠들기까지 일상 속에서의 기본 어휘들을 따라가면서 초보자들이 독일어를 조금 더 쉽게 익힐 수 있기를 기대해 봅니다.

처음에 그림과 함께 있는 단어들에는 우리말 발음을 적지 않았으니 혼자 발음을 연습하면서 뜻을 익히고, 이 단어들이 '생활 단어'에서 반복될 때 다시 발음을 확인하며 암기하기 바랍니다. 테마별로 다 담지 못한 기본 어휘는 뒤쪽의 '보충 단어'에서 보완했습니다. 기본 단어와 여기에서 확장된 단어들, 그리고 간단한 문장들을 공부하면서 어휘 실력을 다질 수 있을 것입니다.

영어나 독일어 발음을 온전히 그대로 우리말로 옮겨 적을 수 없다는 것을 알지만 초보자의 편의를 위해 단어에 우리말 발음을 적어 두었습니다. 우리말 발음은 참고만 하고 원어민 발음을 반복해서 잘 듣고 따라 하기 바랍니다. 자음 중에서는 특히 [f]와 [p], [b]와 [v], [l]과 [r]의 발음을 구분해야 하고, 모음은 장단에 따른 깊이에 유의하십시오.

Viel Spaß und viel Erfolg! (재미있게 공부하시고 좋은 결과를 얻으시길!)
독일어를 조금 더 쉽게 시작하고 재미있게 발전시키는 데 이 책이 도움이 될 수 있기를 바랍니다.

이 책은 이렇게 공부하세요

직장인 여성과 남자 대학생을 주인공으로 하루 생활을 7개의 챕터로 나누어 독일어 단어를 배열했습니다. 일상생활에 자주 쓰이는 단어들로 구성하였으므로 독일 현지에서도 매우 유용합니다.

❶ 주제별 주요 단어

각 파트(Teil)는 5개의 장면(Szene)으로 구성되어 있습니다. 그림을 보면서 해당 단어를 학습하면 연상 작용으로 훨씬 빠르고 쉽게 암기할 수 있습니다.
mp3 파일로 원어민의 정확한 발음을 듣고 따라 해 보세요. mp3에는 한국어 녹음까지 되어 있으므로 책 없이 mp3만 들어도 저절로 공부가 됩니다.

암기 확인용 체크 박스입니다.
공부한 단어에 체크해 보세요.

❷ 생활 단어

주요 단어의 발음을 확인하면서 해당 주제와 관련된 추가 단어들도 함께 학습할 수 있습니다. 각 단어 옆에 괄호 안에 표기된 발음은 셀로판지로 가릴 수 있으니 되도록이면 셀로판지를 사용해 본인의 실력을 업그레이드하세요.

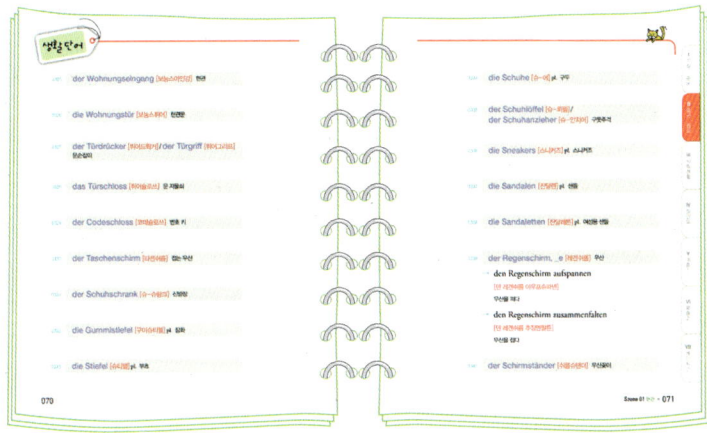

❸ 찾아보기

수록된 모든 생활 단어들을 알파벳순으로 정렬하여 사전처럼 활용할 수 있습니다.

❹ 참고하기

der + 남성 명사   die + 여성 명사   das + 중성 명사   pl. = 복수형

차례

머리말 003
일러두기 004
차례
 006

Teil I ·············· 기상 · 준비

Szene 01 침실 010
Szene 02 세면대 018
Szene 03 옷 입기 026
Szene 04 화장대 · 책상 040
Szene 05 아침식사 052

Teil II ·············· 출근 · 등교

Szene 01 현관 068
Szene 02 거리 076
Szene 03 지하철 086
Szene 04 사무실 100
Szene 05 학교 112

Teil III ·············· 사회생활

Szene 01 근무 126
Szene 02 강의 138
Szene 03 점심식사 146
Szene 04 회식 156
Szene 05 운동 166

Teil IV ············ **집안일**

Szene 01	거실	180
Szene 02	청소	190
Szene 03	세탁하기	198
Szene 04	장보기	206
Szene 05	요리	214

Teil V ············ **외출 1**

Szene 01	약속	228
Szene 02	영화관	240
Szene 03	공원	250
Szene 04	방문	260
Szene 05	드라이브	270

Teil VI ············ **외출 2**

Szene 01	백화점	282
Szene 02	은행	294
Szene 03	병원	304
Szene 04	우체국	316
Szene 05	식당	324

Teil Ⅶ	개인시간	
Szene 01	귀가	336
Szene 02	TV 시청 · 독서	346
Szene 03	공부 · 컴퓨터	356
Szene 04	목욕 · 샤워	364
Szene 05	수면	372

보충 단어		382
찾아보기		400

Teil I

기상 · 준비
AM 7:00~8:00

Szene 01 침실

Szene 02 세면대

Szene 03 옷 입기

Szene 04 화장대 · 책상

Szene 05 아침식사

Szene 1
das Schlafzimmer
침실

- das Zimmer 방
- die Tischlampe 스탠드
- der Wecker 자명종
- die Brille 안경
- die Katze 고양이
- das Handy 휴대전화
- das Bett 침대
- das Kopfkissen 베개
- der Teddybär 곰 인형
- die Bettwäsche / das Betttuch 침대 시트
- die Matratze 침대 매트리스
- der Schlafanzug 잠옷
- die Decke 이불
- die Wolldecke 담요

일어나기

- [ ] wecken 깨우다
- [ ] aufwachen (잠에서) 깨다
- [ ] aufstehen 일어나다, 기상하다
- [ ] aus dem Bett kommen
  침대에서 일어나 나오다

- [ ] schläfrig 졸린
- [ ] gähnen 하품하다
- [ ] sich rekeln / sich strecken
  기지개를 켜다
- [ ] verschlafen 늦잠을 자다

- [ ] das Bett machen 침대를 정리하다
- [ ] das Zimmer aufräumen
  방을 정돈하다

Szene 01 침실 • 011

0001 **das Schlafzimmer** [슐라프침머] 침실

0002 **das Zimmer** [침머] 방

0003 **die Tischlampe** [티슈람페] 스탠드

0004 **der Wecker** [벡커] 자명종

0005 **die Brille** [브릴레] 안경

0006 **das Handy** [핸디] 휴대전화

0007 **die Katze** [카체] 고양이

0008 **das Bett** [배트] 침대

0009 **das Kopfkissen** [코프키쓴] 베개

0010 **die Decke** [데케] 이불

0011 **die Wolldecke** [볼데케] 담요

0012 **die Bettwäsche** [벧베셰] / **das Betttuch** [벧투흐]
침대 시트

0013 **die Matratze** [마트라체] 침대 매트리스

0014 **der Teddybär** [태디베어] 곰 인형

0015 **der Schlafanzug** [슐라프안축] 잠옷

0016 **wecken** [벡큰] 깨우다

0017 **aufwachen** [아우프박흔] (잠에서) 깨다

0018 **aufstehen** [아우프슈텐-] 일어나다, 기상하다

0019 **aus dem Bett kommen** [아우스 뎀 벨 코믄]
침대에서 일어나 나오다

0020 **schläfrig** [슐래프리히] 졸린

0021 **gähnen** [개-는] 하품하다

0022 **sich rekeln** [지히 레켈른] / **sich strecken** [지히 슈트렉큰]
기지개를 켜다

0023 **verschlafen** [페어슐라픈] 늦잠을 자다

0024 **das Bett machen** [다스 벨 막흔] 침대를 정리하다

0025 **das Zimmer aufräumen** [다스 침머 아우프로이믄]
방을 정돈하다

0026 **der Morgen** [모르겐] 아침

0027 **am Morgen** [암 모르겐] 아침에

0028 **jeden Morgen** [예덴 모르겐] 아침마다

0029 **morgens** [모르겐스] 아침에, 아침마다

0030 **jeden Tag** [예덴 탁] 매일

0031 **das Einzelbett** [아인첼벹] 싱글베드

0032 **das Doppelbett** [도플벹] 더블베드

0033 **das Etagenbett** [에타줸벹] 이층 침대

0034 **früh** [프뤼] 이른, 일찍

0035 **spät** [슈퍁] (시간이) 늦은, 늦게

0036 **der Luftbefeuchter** [루프트베포이히터] 가습기

I 기상·준비

II 출근·등교

III 사회생활

IV 집안일

V 외출 1

VI 외출 2

VII 개인시간

Szene 01 침실 • 015

0037 **der Luftreiniger** [루프트라이니거] 공기청정기

0038 **die Leuchte** [로이히테] 등, 램프

0039 **das Licht** [리히트] 빛

0040 **der Lärm** [래름] 소음

0041 **ausschlafen** [아우스슐라픈] 푹 자다

0042 **der Schlafmangel** [슐라프망엘] 수면 부족

0043 **den Wecker stellen** [덴 벡커 슈텔른] 자명종을 (~시에) 맞추다

⋯▸ Ich stelle den Wecker auf fünf.
[이히 슈텔레 덴 벡커 아우프 퓐프]
나는 자명종을 다섯 시에 맞춘다.

0044 **klingeln** [클링엘른] (벨, 시계 또는 전화벨이) 울리다

0045 **schlafen (– schlief – geschlafen)** [슐라픈] 자다

⋯▶ Er schläft noch.
[에어 슐래프트 녹흐]
그는 아직 자고 있다.

⋯▶ Ich habe gut geschlafen.
[이히 하-베 굳 게슐라-픈]
나는 잘 잤다.

0046 **sich fühlen** [지히 퓔른] 느끼다

⋯▶ Ich fühle mich seit gestern nicht wohl.
[이히 퓔-레 미히 자이트 게스턴 니히트 볼-.]
나는 어제부터 몸이 좋지 않게 느껴진다.

0047 **die Laune** [라우네] 기분

⋯▶ gute Laune haben / guter Laune sein
[구테 라우네 하븐] / [구터 라우네 자인]
기분이 좋다

0048 **gut** [굳] – **besser** [베써] – **am besten** [암 베스텐]
좋은 – 더 좋은 – 가장 좋은

0049 **schlecht** [슐레히트] – **schlechter** [슐레히터] – **am schlechtesten** [암 슐레히테스텐]
나쁜 – 더 나쁜 – 가장 나쁜

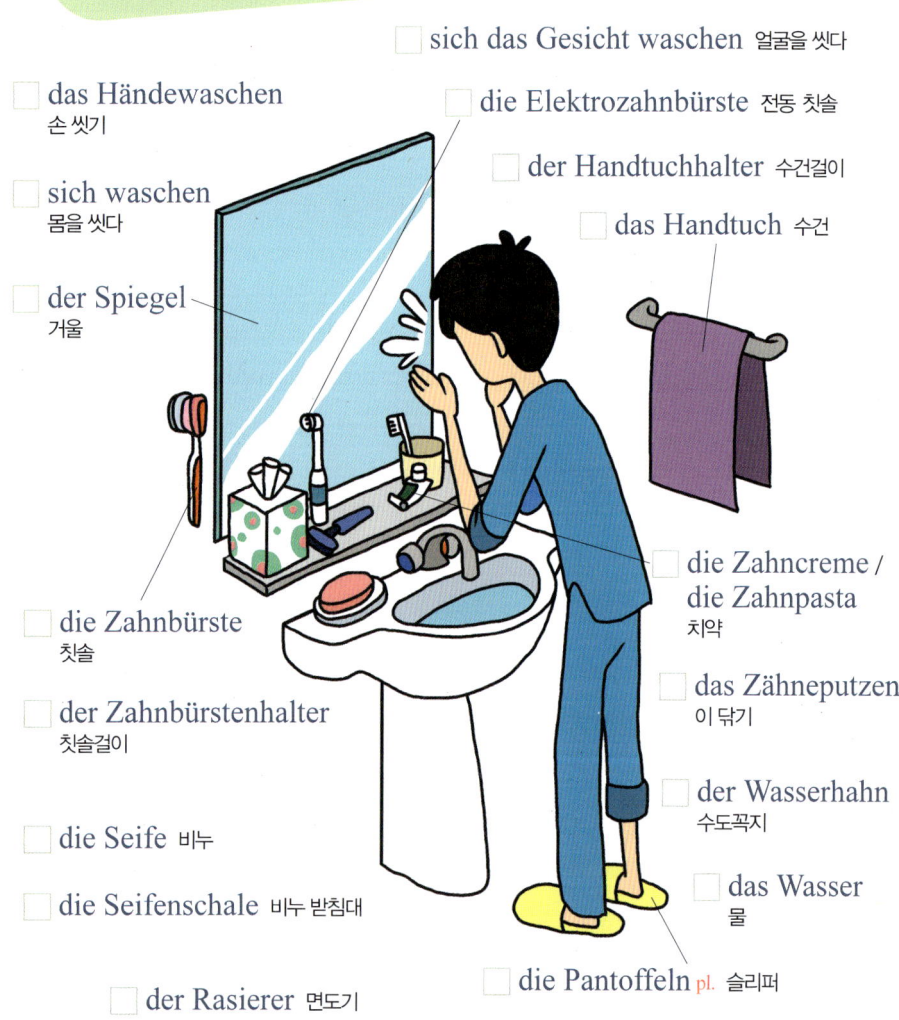

세수

- das WC 화장실
- die Toilette / das Klo / das Klosett
  화장실, 변기
- das Toilettenpapier / das Klopapier
  화장지

- das Bidet 비데
- die Wasserspülung (변기의) 수세 장치
- verstopfen 막히다
- spülen 물로 헹구다, (화장실) 물을 내리다

- putzen 닦다, 청소하다, 윤을 내다
- abtrocknen 물기를 닦다
- rasieren 면도하다
- (sich) die Zähne putzen 이를 닦다

Szene 02 세면대

0050 **das Waschbecken** [바슈베켄] 세면대

0051 **das Händewaschen** [핸데바셴] 손 씻기

0052 **sich das Gesicht waschen** [지히 다스 게지히트 바셴]
얼굴을 씻다

0053 **sich waschen** [지히 바셴] 몸을 씻다
⋯▸ Er wäscht sich.
[에어 배쉬트 지히.]
그는 몸을 씻는다.

0054 **das Zähneputzen** [채네푸첸] 이 닦기

0055 **die Zahnbürste** [찬뷰르스테] 칫솔

0056 **die Elektrozahnbürste** [엘렉트로찬뷰르스테] 전동 칫솔

0057 **der Zahnbürstenhalter** [찬뷰르스텐할터] 칫솔걸이

0058 **die Zahncreme** [찬크레메] / **die Zahnpasta** [찬파스타]
치약

0059 **der Spiegel** [슈피겔] 거울

0060 **das Handtuch** [한트툭흐] 수건

0061 **der Handtuchhalter** [한트툭흐할터] 수건걸이

0062 **der Rasierer** [라지-러] 면도기

0063 **die Seife** [자이페] 비누

0064 **die Seifenschale** [자이펜샬레] 비누 받침대

0065 **der Wasserhahn** [바써한-] 수도꼭지

0066 **das Wasser** [바써] 물

0067 **die Pantoffeln** [판토펠른] pl. 슬리퍼

0068 **das WC** [베체] 화장실 ★Wasserclosett [바써클로젤]

0069 **die Toilette** [토알레테] / **das Klo** [클로] / **das Klosett** [클로젤] 화장실, 변기

0070 **das Toilettenpapier** [토알레텐파피어] / **das Klopapier** [클로파피어] 화장지

0071 **das Bidet** [비데] 비데

0072 **die Wasserspülung** [바써슈퓔룽] (변기의) 수세 장치

0073 **verstopfen** [페어슈토픈] 막히다

0074 **spülen** [슈퓔른] 물로 헹구다, (화장실) 물을 내리다

0075 **putzen** [푸첸] 닦다, 청소하다, 윤을 내다

0076 **abtrocknen** [앞트로크는] 물기를 닦다

0077 **rasieren** [라지른] 면도하다

0078 **(sich) die Zähne putzen** [지히 디 체-네 푸첸] 이를 닦다
⋯▶ Ich putze mir die Zähne.
[이히 푸체 미어 디 체-네.]
나는 이를 닦는다.

0079 **das Bad** [바트] / **das Badezimmer** [바데침머] 욕실

0080 **die Dusche** [두셰] 샤워, 샤워 시설

0081 **das Waschzeug** [바슈초읶] 세면도구

0082 **pressen** [프레쓴] 짜다, 누르다

0083 **weiß** [바이스] 흰

Szene 02 세면대 • 023

0084 **schwarz** [슈바르츠] 검은

0085 **der Bart** [바르트] 수염

0086 **wachsen (– wuchs – gewachsen)** [박쎈] 자라다

0087 **Bart wachsen lassen** [바르트 박센 라쎈] 수염을 기르다

0088 **glatt rasieren** [글라트 라지른] 매끈하게 면도하다

0089 **sich beim Rasieren schneiden**
[지히 바임 라지-른 슈나이든] 면도하다가 베다

0090 **die Rasiercreme** [라지어크렘] /
der Rasierschaum [라지어샤움] 면도용 크림

0091 **ein Stück Seife** [아인 슈튁 자이페] 비누 한 개

0092 **sauber** [자우버] 깨끗한

0093 **schmutzig** [슈무치히] 더러운

0094 **die Haare** [하-레] pl. 머리카락

0095 **der Haartyp** [하-르튑] 모발 타입

0096 **trocken** [트로큰] 건조한

0097 **normal** [노말] 보통의

0098 **fettig** [펫티히] 기름진

0099 **schnäuzen** [슈노이첸] 코를 세게 풀다

0100 **der Pickel** [픽켈] 뾰루지

0101 **das Taschentuch** [타셴툭흐] 손수건, 티슈

Kleider anziehen
옷 입기

- das Unterhemd 러닝셔츠
- der Kleiderschrank 옷장
- der Kleiderbügel 옷걸이
- das Kleid 옷
- die Bluse 블라우스
- der Knopf 단추
- der Ärmel 소매
- der Reißverschluss 지퍼
- der Rock 치마
- die Handtasche 핸드백
- die Strümpfe pl. 스타킹
- der Geldbeutel / das Portemonnaie 지갑
- die Stöckelschuhe pl. / hochhackige Schuhe 하이힐

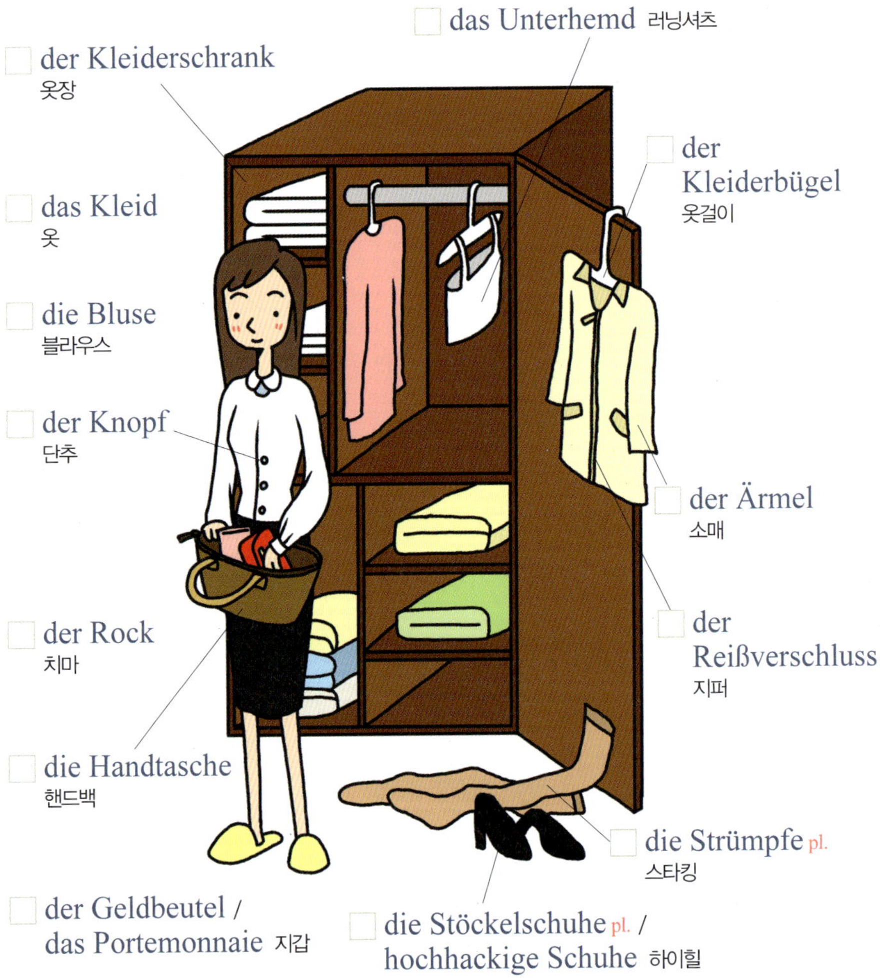

옷 입기

- ☐ (sich) anziehen 입다
- ☐ (sich) ausziehen 벗다
- ☐ (sich) umziehen 갈아입다

- ☐ (sich) entscheiden 결정하다
- ☐ wählen 선택하다, 고르다
- ☐ Ohrringe anstecken / Ohrringe anziehen 귀걸이를 끼다
- ☐ das Schmuckkästchen 장신구(보석) 상자

- ☐ tragen (어떤 옷을) 입고 있다, (안경, 모자를) 쓰고 있다, (구두를) 신고 있다
- ☐ die Armbanduhr 손목시계
- ☐ schultern 어깨에 메다

Szene 03 옷 입기 • 027

옷

- der Anzug 양복
- das Hemd 와이셔츠
- die Hose 바지
- das Kleid 원피스
- der Mantel 코트

- die Jacke 재킷
- die Weste 조끼
- der Pullover 스웨터
- die Strickjacke 카디건

- das Halstuch 목도리
- der Schal 스카프
- das Cape (어깨에 걸치는) 망토

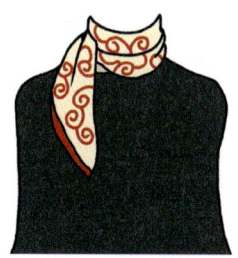

생활 단어

0102 **Kleider anziehen** [클라이더 안치-엔] 옷을 입다

0103 **der Kleiderschrank** [클라이더슈랑크] 옷장

0104 **das Kleid** [클라이트] 옷

0105 **die Bluse** [블루제[] 블라우스

0106 **der Knopf** [크노프] 단추

0107 **der Ärmel** [에어멜] 소매

0108 **der Reißverschluss** [라이스페어슐루스] 지퍼

0109 **der Rock** [록] 치마

0110 **das Unterhemd** [운터햄트] 러닝셔츠

0111 **der Kleiderbügel** [클라이더뷔겔] 옷걸이

0112 **der Geldbeutel** [겔트보이틀] /
das Portemonnaie [포르트모네] 지갑

0113 **die Handtasche** [한트타셰] 핸드백

0114 **die Strümpfe** [슈트륌페] pl. 스타킹

0115 **die Stöckelschuhe** [슈퇴켈슈에] pl. /
hochhackige Schuhe [혹흐하키게 슈에] 하이힐

0116 **(sich) anziehen** [(지히) 안치엔] 입다

⋯▸ Er zieht sich den Mantel an.
[에어 치트 지히 덴 만텔 안.]
그는 외투를 입는다.

0117 **(sich) ausziehen** [(지히) 아우스치엔] 벗다

⋯▸ Er hat die Schuhe ausgezogen.
[에어 핱 디 슈에 아우스게초겐.]
그가 구두를 벗었다.

Szene 03 옷 입기 • 031

0118 **(sich) umziehen** [(지히) 움치엔] 갈아입다

⋯▸ Ich habe mich umgezogen.
[이히 하베 미히 움게초겐.]
나는 옷을 갈아입었다.

0119 **(sich) entscheiden** [(지히) 엔트샤이든] 결정하다

0120 **wählen** [밸-른] 선택하다, 고르다

0121 **Ohrringe anstecken** [오어링에 안슈텍큰] /
Ohrringe anziehen [오어링에 안치-은] 귀걸이를 끼다

0122 **das Schmuckkästchen** [슈묵캐스트헨] 장신구(보석) 상자

0123 **tragen** [트라근]
(어떤 옷을) 입고 있다, (안경, 모자를) 쓰고 있다, (구두를) 신고 있다

⋯▸ Er trägt immer eine Mütze.
[에어 트랙트 임머 아이네 뮈체.]
그는 항상 챙 없는 모자를 쓰고 있다.

⋯▸ Er trägt heute einen grauen Anzug.
[에어 트랙트 호이테 아이는 그라우엔 안축.]
그는 오늘 회색 양복을 입고 있다.

0124 **die Armbanduhr** [아름반트우어] 손목시계

⋯▸ eine Armbanduhr anlegen
[아이네 아름반트우어 안레-근]
시계를 차다

⋯▸ eine Armbanduhr tragen
[아이네 아름반트우어 트라-근]
시계를 차고 있다

0125 **schultern** [슐터른] 어깨에 메다

0126 **der Einbauschrank** [아인바우슈랑크] 붙박이장

0127 **die Kommode** [코모데] 서랍장

0128 **die Schublade** [슙라-데] 서랍

0129 **die Mütze** [뮈체] 모자

0130 **der Hut** [후트] (챙이 있는) 모자

0131 **das T-Shirt** [티-셔트] 티셔츠

0132 **die Krawatte** [크라바테] / **der Schlips** [슐립스] 넥타이

0133 **die Jeans** [진스] 청바지

0134 **der Gürtel** [귀어텔] 벨트

0135 **die Tasche** [타셰] 주머니

0136 **die Sportschuhe** [슈포트슈에] pl. /
die Turnschuhe [투른슈에] pl. 운동화

0137 **die Socken** [족큰] pl. 양말

0138 **der Rucksack** [룩작] 배낭

0139 **der Anzug** [안축] 양복

0140 **das Hemd** [헴트] 와이셔츠

0141 **die Hose** [호제] 바지

0142 **das Kleid** [클라이트] 원피스

0143 **der Mantel** [만텔] 코트

0144 **die Jacke** [약케] 재킷

0145 **die Weste** [베스테] 조끼

0146 **der Pullover** [풀오버] 스웨터

0147 **die Strickjacke** [슈트릭약케] 카디건

0148 **das Halstuch** [할스툭흐] 목도리

0149 **der Schal** [샬] 스카프

0150 **das Cape** [케프] (어깨에 걸치는) 망토

0151 **der kurze Ärmel** [데어 쿠르체 애르멜] 반소매

0152 **ärmelloses Kleid** [애어멜로제스 클라이트] 민소매 원피스

0153 **kurzärmlig** [쿠어츠애름리히] 짧은 소매의

0154 **langärmlig** [랑애름리히] 긴 소매의

0155 **ärmellos** [애르멜로스] 소매 없는

0156 **der Rollkragen** [롤크라겐] 터틀넥

0157 **der V-Ausschnitt** [파우-아우스슈니트] 브이넥

0158 **der Rund-Ausschnitt** [룬트-아우스슈니트] 라운드넥

0159 **der Minirock** [미니록] 미니스커트

0160 **der BH (=Büstenhalter)** [베하 (= 뷰스텐할터)] 브래지어

0161 **die Unterwäsche** [운터배셰] 속옷

0162 **die Unterhose** [운터호제] 팬티, 속바지

0163 **der Slip** [슬립] 슬립

0164 **die Leggings** [레깅스] pl. 레깅스

0165 **der Anorak** [아노락] (모자 달린) 방한 재킷

0166 **die Lederjacke** [레더약케] 가죽 재킷

0167 **der Träger** [트래-거] 멜빵

0168 **die Größe** [그뢰-쎄] 치수, 사이즈
- Haben Sie eine kleinere Größe?
  [하-븐 지 아이네 클라이너레 그뢰쎄?]
  더 작은 사이즈가 있나요?
- Zeigen Sie mir eine größere Größe.
  [자이겐 지 미어 아이네 그뢰서레 그뢰쎄.]
  더 큰 사이즈를 보여 주세요.

0169 **passen** [파쓴] 잘 맞다
- Das Kleid passt mir gut.
  [다스 클라이트 파스트 미어 굳.]
  원피스가 제게 잘 맞네요.

0170 **gut stehen** [굳 슈텐-] 잘 어울리다
- Das Hemd steht dir gut.
  [다스 헴트 슈테-트 디어 굳.]
  셔츠가 너에게 잘 어울려.

0171 **die Mode** [모-데] 유행

0172 **aus der Mode sein** [아우스 데어 모데 자인] 유행이 지나다

→ Die Hose ist aus der Mode.
[디 호제 이스트 아우스 데어 모데.]
그 바지는 유행이 지났다.

0173 **ab** [압] (단추가) 떨어진

→ Ein Knopf ist ab.
[아인 크노프 이스트 압.]
단추 하나가 떨어졌다.

0174 **einen Knopf annähen** [아이넨 크노프 안내엔] 단추를 달다

0175 **umbinden** [움빈든] (넥타이를) 매다

0176 **der Trainingsanzug** [트레닝스안축-] 운동복

0177 **der Jogginganzug** [조깅안축-] 조깅용 운동복

0178 **die Kapuzenjacke** [카푸첸약케] 후드 재킷

der Frisiertisch, der Schreibtisch
화장대 · 책상

☐ der Frisiertisch / der Toilettentisch 화장대

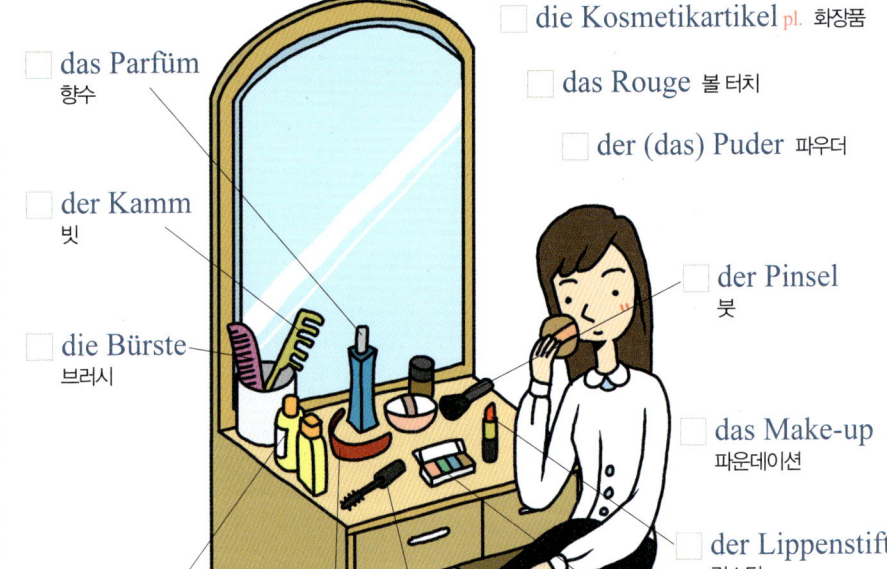

☐ die Kosmetikartikel pl. 화장품

☐ das Parfüm
향수

☐ das Rouge 볼 터치

☐ der (das) Puder 파우더

☐ der Kamm
빗

☐ der Pinsel
붓

☐ die Bürste
브러시

☐ das Make-up
파운데이션

☐ der Lippenstift
립스틱

☐ die Lotion
로션

☐ der Lidschatten
아이섀도

☐ das Gesichtswasser
화장수

☐ das Haarband 머리띠

☐ der Mascara /
die Wimperntusche, _n 마스카라

040

단장

- [ ] (sich) schminken 화장하다
- [ ] anmalen 그리다, 색칠하다
- [ ] auftragen 바르다, 칠하다

- [ ] (sich die Haare) kämmen (머리를) 빗다
- [ ] schneiden 자르다
- [ ] (sich) die Haare schneiden lassen 머리를 (미용실, 이발소에서) 자르게 시키다
- [ ] färben 염색하다

- [ ] (sich die Haare) trocknen (머리를) 말리다
- [ ] frisieren (머리를) 손질하다
- [ ] die Dauerwelle 파마
- [ ] der Haartrockner / der Föhn 헤어드라이어

- der Schreibtisch 책상
- die Schublade 서랍
- die Tischlampe 전기스탠드
- das Heft, _e 노트
- das Stifteetui 필통
- das Federmäppchen (학생용) 필통
- der Bleistift 연필
- der Bleistiftspitzer 연필깎이
- der Kugelschreiber 볼펜
- das Bücherregal, _e 책꽂이
- das Wörterbuch 사전
- das Buch, Bücher 책
- der Stuhl, Stühle 의자
- der (Schul)Ranzen 학생용 책가방
- das Schulbuch, Schulbücher 교과서

책상

- stecken 넣다
- (aus der Tasche) holen (가방에서) 꺼내다
- (ein Buch) aufschlagen (책을) 펼치다
- schließen 닫다, (책을) 덮다

- verloren gehen 없어지다
- suchen 찾다
- finden 발견하다
- unordentlich / nicht aufgeräumt 어지럽혀져 있는, 정돈되지 않은

- der Stundenplan 시간표
- der Bücherschrank 책장
- das Lexikon 백과사전

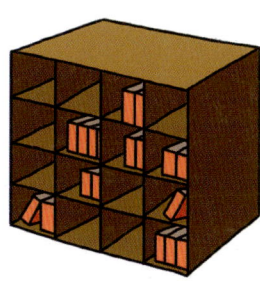

Szene 04 화장대 · 책상 • 043

0179 **der Frisiertisch** [프리지어티쉬] /
der Toilettentisch [토알레튼티쉬] 화장대

0180 **die Kosmetikartikel** [코스메틱아티켈] pl. 화장품

0181 **das Parfüm** [파르쀔] 향수

0182 **der Lidschatten** [리트샤튼] 아이섀도

0183 **das Make-up** [메이크업] 파운데이션

0184 **der (das) Puder** [푸더] 파우더

0185 **das Rouge** [루즈] 볼 터치

0186 **der Lippenstift** [립펜슈티프트] 립스틱

0187 **die Lotion** [로숀] 로션

0188 **das Gesichtswasser** [게지히츠바써] 화장수

0189 **der Kamm** [캄] 빗

0190 **die Bürste** [뷰르스테] 브러시

0191 **das Haarband** [하-르반트] 머리띠

0192 **der Mascara** [마스카라] /
die Wimperntusche, _n [빔퍼른투셰] 마스카라

0193 **der Pinsel** [핀젤] 붓

0194 **(sich) schminken** [(지히) 슈밍큰] 화장하다

0195 **anmalen** [안말른] 그리다, 색칠하다

0196 **auftragen** [아우프트라근] 바르다, 칠하다

0197 **(sich die Haare) kämmen** [(지히 디 하레) 캐믄] (머리를) 빗다

⋯▶ Ich habe mir die Haare gekämmt.
[이히 하베 미어 디 하-레 게캠트.]
나는 머리를 빗었다.

0198 **schneiden** [슈나이든] 자르다

0199 **(sich) die Haare schneiden lassen**
[(지히) 디 하레 슈나이든 라쓴] 머리를 (미용실, 이발소에서) 자르게 시키다

⋯▶ Gestern habe ich mir die Haare schneiden lassen.
[게스턴 하베 이히 미어 디 하-레 슈나이든 라쓴.]
어제 나는 머리를 잘랐다.

0200 **färben** [페어븐] 염색하다

0201 **(sich die Haare) trocknen** [(지히 디 하레) 트로크는]
(머리를) 말리다

0202 **frisieren** [프리지른] (머리를) 손질하다

0203 **die Dauerwelle** [다우어벨레] 파마

046

0204 **der Haartrockner** [하-르트록크너] / **der Föhn** [푄]
헤어드라이어

0205 **der Scheitel** [샤이틀] 가르마

0206 **das Haargel** [하-(르)겔] 헤어젤

0207 **das Haarspray** [하-(르)스프레이] 헤어스프레이

0208 **die Perücke** [페뤼케] 가발

0209 **der Frisörsalon** [프리죄어잘롱] 미용실, 이발소

0210 **der Friseur (=Frisör)** [프리죄어] 남자 미용사

0211 **die Friseuse (=Frisörin)** [프리죄제 (= 프리죄린)] 여자 미용사

0212 **der Schreibtisch** [슈라잎티쉬] 책상

0213 die Schublade [슈라데] 서랍

0214 die Tischlampe [티슈람페] 전기스탠드

0215 das Heft, _e [헤프트] 노트

0216 das Bücherregal, _e [뷔혀레갈] 책꽂이

0217 das Buch, Bücher [부흐] 책

0218 das Wörterbuch [뵈어터부흐] 사전

0219 das Stifteetui [슈티프테에튀] 필통

0220 das Federmäppchen [페더맵헨] (학생용) 필통

0221 der Bleistift [블라이슈티프트] 연필

0222 **der Bleistiftspitzer** [블라이슈티프트슈피처] 연필깎이

0223 **der Kugelschreiber** [쿠겔슈라이버] 볼펜

0224 **der Stuhl, Stühle** [슈툴] 의자

0225 **der (Schul)Ranzen** [슐-란첸] 학생용 책가방

0226 **das Schulbuch, Schulbücher** [슐북흐] 교과서

0227 **stecken** [슈테큰] 넣다

0228 **(aus der Tasche) holen** [(아우스 데어 타셰) 홀른]
(가방에서) 꺼내다

0229 **(ein Buch) aufschlagen** [(아인 북흐) 아우프슐라근]
(책을) 펼치다

⋯▸ Der Schüler hat sein Buch aufgeschlagen.
[데어 슐러 핟 자인 북흐 아우프게슐라-근.]
학생은 자기 책을 펼쳤다.

0230 **schließen** [슐리-쓴] 닫다, (책을) 덮다

⋯ Die Schüler haben die Bücher geschlossen.
[디 슐러 하-븐 디 뷔혀 게슐로쓴.]
학생들은 책을 덮었다.

0231 **verloren gehen** [페얼로른 게엔] 없어지다

⋯ Mein Schlüssel ist verloren gegangen.
[마인 슐뤼쎌 이스트 페얼로른 게강엔.]
내 열쇠가 없어졌다.

0232 **suchen** [죽흔] 찾다

0233 **finden** [핀든] 발견하다

⋯ Ich habe meine Schlüssel unter dem Bett gefunden.
[이히 하베 마이네 슐뤼쎌 운터 뎀 벹 게푼덴.]
나는 내 열쇠를 침대 밑에서 찾았다.

0234 **unordentlich** [운오르덴틀리히] / **nicht aufgeräumt**
[니히트 아우프게로임트] 어지럽혀져 있는, 정돈되지 않은

⋯ Mein Schreibtisch ist immer unordentlich.
[마인 슈라입티쉬 이스트 임머 운오르덴틀리히.]
내 책상은 항상 지저분하다(어지럽혀져 있다).

0235 **der Stundenplan** [슈툰덴플란] 시간표

0236 **der Bücherschrank** [뷔혀슈랑크] 책장

0237 **das Lexikon** [렉씨콘] 백과사전

0238 **das Heftgerät** [해프트게레트] / **der Hefter** [해프터]
스테이플러

0239 **der Radiergummi** [라디어구미] 지우개

0240 **das Lineal, _e** [리네알] 자

0241 **die Schere, _n** [셰레] 가위

0242 **der Kleber** [클레버] 풀

0243 **das Klebeband** [클레베반트] 접착테이프

Szene 5: das Frühstück
아침식사

- der Toast 토스트
- das Brot 빵
- das Brötchen 하드 롤빵
- der Toaster 토스터
- der Teller 접시
- der (Kaffee) Becher 머그잔
- die Milch 우유
- die Kaffeemaschine 커피 메이커
- der Kaffee 커피
- das Müsli 시리얼
- der Esstisch 식탁
- die Tischdecke 식탁보
- die Marmelade 잼
- der Käse 치즈
- der Honig 꿀
- der Schinken 햄
- die Butter 버터

맛

- trinken 마시다
- essen 먹다
- zubereiten (음식을) 준비하다
- die Zubereitung 준비

- schmecken ~한 맛이 나다, 맛있다
- wohlschmeckend / lecker 맛있는
- ungenießbar 먹을(마실) 수 없이 형편없는

- süß 달콤한
- scharf 매운
- salzig 짠
- sauer 신
- bitter 쓴

Szene 05 아침식사 • 053

음료, 음식

- [ ] das Getränk 음료
- [ ] der Saft 주스
- [ ] der Tee 차
- [ ] Schwarzer Tee / der Schwarztee 홍차
- [ ] Grüner Tee 녹차

- [ ] die Speise 음식
- [ ] das Ei, _er 계란
- [ ] gekochtes Ei 삶은 계란
- [ ] das Spiegelei 계란 프라이
- [ ] der Pfannkuchen 팬케이크

- [ ] der Salat 샐러드
- [ ] das Omelett / die Omelette 오믈렛
- [ ] die Suppe 수프

음식, 식기류

- der Reis 쌀, 밥
- gekochter Reis 밥
- die Schüssel / die Schale 밥그릇
- das Glas 유리컵

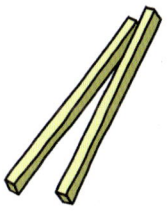

- die Essstäbchen pl. 젓가락
- der Fisch 물고기, 생선
- der Bratfisch 생선구이
- das Fischfillet 생선 필레

- das Tablett 쟁반
- die Beilage 반찬

생활 단어

0244 **das Frühstück** [프뤼슈튁] 아침식사

0245 **der Esstisch** [에쓰티쉬] 식탁

0246 **die Tischdecke** [티슈덱케] 식탁보

0247 **die Milch** [밀히] 우유

0248 **das Müsli** [뮤슬리] 시리얼

0249 **das Brot** [브로트] 빵

0250 **das Brötchen** [브뢰트헨] 하드 롤빵

0251 **der Toast** [토스트] 토스트

0252 **der Toaster** [토스터] 토스터

0253 **der Kaffee** [카페] 커피

0254 **die Kaffeemaschine** [카페마쉬네] 커피 메이커

0255 **der (Kaffee) Becher** [(카페) 베혀] 머그잔

0256 **der Teller** [텔러] 접시

0257 **die Marmelade** [마멜라데] 잼

0258 **der Honig** [호니히] 꿀

0259 **die Butter** [부터] 버터

0260 **der Käse** [캐제] 치즈

0261 **der Schinken** [쉰켄] 햄

0262 **trinken** [트링큰] 마시다

0263 **essen** [에쓴] 먹다

0264 **zubereiten** [추베라이튼] (음식을) 준비하다

0265 **die Zubereitung** [추베라이퉁] 준비

0266 **schmecken** [슈멕큰] ~한 맛이 나다, 맛있다
··→ Es schmeckt nicht gut.
[에스 슈멕트 니히트 굳.]
맛이 없다.

0267 **wohlschmeckend** [볼슈멕큰트] / **lecker** [렉커] 맛있는

0268 **ungenießbar** [운게니-스바-] 먹을(마실) 수 없이 형편없는

0269 **süß** [쥬-스] 달콤한

0270 **scharf** [샤어프] 매운

0271 **salzig** [잘치히] 짠

0272 **sauer** [자우어] 신

0273 **bitter** [빗터] 쓴

0274 **das Getränk** [개트랭크] 음료

0275 **der Saft** [자프트] 주스

0276 **der Tee** [테] 차

0277 **Schwarzer Tee** [슈바르처 테] /
der Schwarztee [슈바르츠테-] 홍차

0278 **Grüner Tee** [그뤼너 테] 녹차

0279 **die Speise** [슈파이제] 음식

0280 **das Ei, _er** [아이] 계란

0281 **ein gekochtes Ei** [아인 게콕흐테스 아이] 삶은 계란

0282 **das Spiegelei** [슈피겔아이] 계란 프라이

0283 **der Pfannkuchen** [판쿠헨] 팬케이크

0284 **der Salat** [잘라트] 샐러드

0285 **das Omelett(e)** [오믈렡] 오믈렛

0286 **die Suppe** [주페] 수프

0287 **der Reis** [라이스] 쌀, 밥

0288 **gekochter Reis** [게콕흐터 라이스] 밥

0289 **die Schüssel** [슈쎌] / **die Schale** [샬레] 밥그릇

0290 **das Glas** [글라스] 유리컵

0291 **die Essstäbchen** [에스슈탭헨] pl. 젓가락

0292 **der Fisch** [피쉬] 물고기, 생선

0293 **der Bratfisch** [브랕피쉬] 생선구이

0294 **das Fischfilet** [피쉬필레] 생선 필레

0295 **das Tablett** [타블렏] 쟁반

0296 **die Beilage** [바일라게] 반찬

0297 **das Fleisch** [플라이쉬] 육류, 고기 ★복수형 없음

0298 **das Rindfleisch** [린트플라이쉬] 쇠고기

0299 **das Schweinefleisch** [슈바이네플라이쉬] 돼지고기

0300 **eine Scheibe Toast** [아이네 샤이베 토스트] 토스트 한 조각

0301 **knusprig** [크누스프리히] 바삭바삭한
⋯▸ Ich mag knusprige Brötchen.
[이히 막 크누스프리게 브뢰트헨]
나는 바삭바삭한 롤빵을 좋아한다.

0302 **das Messer** [메써] 나이프

0303 **der Löffel** [뢰펠] 스푼

0304 **die Gabel, _n** [가벨] 포크

0305 **das Besteck, _e** [베슈텍] 식사용 도구 한 벌 (스푼, 포크, 나이프)

0306 **die Serviette, _n** [제어비에테] 냅킨

0307 **die (Kaffee)Tasse** [(카페) 타쎄] 커피 잔

0308 **der Einwegbecher** [아인벡베혀] 일회용 컵

0309 **der Pappbecher** [팦베혀] 일회용 종이컵

0310 **die Isolierflasche** [이졸리어플라셰] 보온병

0311 **der Kamillentee** [카밀렌테-] 카밀레차

⋯▶ Ich trinke gern Kamillentee.
[이히 트링케 게른 카밀렌테-.]
나는 카밀레차를 즐겨 마신다.

0312 **der Pfefferminztee** [페퍼민츠테-] 페퍼민트차

Szene 05 아침식사 ● 063

0313 **satt** [잗] 배부른

0314 **der Hunger** [훙어] 배고픔
→ Ich habe Hunger.
[이히 하베 훙어.]
나는 배가 고프다.

0315 **hungrig** [훙리히] 배고픈

0316 **der Durst** [두어스트] 갈증
→ Ich habe Durst.
[이히 하베 두어스트.]
나는 목이 마르다.

0317 **durstig** [두어스티히] 목마른

0318 **die Ernährung, _en** [에어내룽] 식량, 영양 (섭취)

0319 **die einseitige Ernährung** [아인자이티게 에어내룽] 편식

0320 **das Gleichgewicht der Ernährung**
[글라이히게비히트 데어 에어내룽] 영양의 균형

0321 **das Ungleichgewicht** [운글라이히게비히트] 불균형

0322 **Guten Appetit!** [구튼 아페티트!] 맛있게 드세요!

0323 **frühstücken** [프뤼슈튁큰] 아침밥을 먹다

⋯▶ Hast du heute gefrühstückt?
[하스트 두 호이테 게프뤼슈튁트?]
오늘 아침 먹었어?

0324 **zu Mittag essen** [추 밋탁 애쓴] 점심식사를 하다

⋯▶ Was willst du zum Mittagessen?
[바스 빌스트 두 춤 밋탁애쓴?]
너는 점심식사로 뭘 먹을 거니?

0325 **zu Abend essen** [추 아벤트 애쓴] 저녁식사를 하다

⋯▶ Ich will heute mit meinen Freunden zu Abend essen. [이히 빌 호이테 밑 마이넨 프로인든 추 아벤트 애쓴.]
나는 오늘 친구들과 함께 저녁을 먹으려 한다.

Teil II

출근 · 등교
AM 8:00~

Szene 01 현관

Szene 02 거리

Szene 03 지하철

Szene 04 사무실

Szene 05 학교

Szene 01 der Wohnungseingang
현관

- die Wohnungstür 현관문
- der Schuhschrank 신발장
- der Türdrücker / der Türgriff 문손잡이
- die Gummistiefel pl. 장화
- das Türschloss 문 자물쇠
- der Taschenschirm 접는 우산
- das Codeschloss 번호 키
- die Schuhe pl. 구두 
- die Stiefel pl. 부츠
- der Schuhlöffel / der Schuhanzieher 구둣주걱
- der Schirmständer 우산꽂이
- der Regenschirm, _e 우산
- die Sneakers pl. 스니커즈
- die Sandaletten pl. 여성용 샌들
- die Sandalen pl. 샌들

068

출근

- der Schlüssel 열쇠
- der Schlüsselring, _e 열쇠고리
- das Schlüsseletui, _s 열쇠 지갑

- der Garten 정원
- die Blume, _n 꽃
- der Baum, Bäume 나무
- das Gras 풀
- der Rasen 잔디

- der Lift / der Aufzug 엘리베이터
- die Treppe 계단
- der Flur 복도
- die Dachterrasse 옥상
- das Dach 지붕

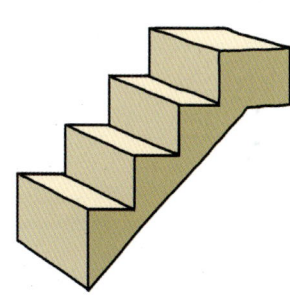

Szene 01 현관 • 069

0326 **der Wohnungseingang** [보눙스아인강] 현관

0327 **die Wohnungstür** [보눙스튀어] 현관문

0328 **der Türdrücker** [튀어드뤽커] / **der Türgriff** [튀어그리프]
문손잡이

0329 **das Türschloss** [튀어슐로쓰] 문 자물쇠

0330 **das Codeschloss** [코데슐로쓰] 번호 키

0331 **der Taschenschirm** [타셴쉬름] 접는 우산

0332 **der Schuhschrank** [슈-슈랑크] 신발장

0333 **die Gummistiefel** [구미슈티펠] pl. 장화

0334 **die Stiefel** [슈티펠] pl. 부츠

0335 **die Schuhe** [슈-에] pl. 구두

0336 **der Schuhlöffel** [슈-뢰펠] /
der Schuhanzieher [슈-안치어] 구둣주걱

0337 **die Sneakers** [스니커즈] pl. 스니커즈

0338 **die Sandalen** [잔달렌] pl. 샌들

0339 **die Sandaletten** [잔달레튼] pl. 여성용 샌들

0340 **der Regenschirm, _e** [레겐쉬름] 우산

⋯▸ den Regenschirm aufspannen
[덴 레겐쉬름 아우프슈파넨]
우산을 펴다

⋯▸ den Regenschirm zusammenfalten
[덴 레겐쉬름 추잠멘팔튼]
우산을 접다

0341 **der Schirmständer** [쉬름슈탠더] 우산꽂이

0342 **der Schlüssel** [슐뤼쎌] 열쇠

0343 **der Schlüsselring, _e** [슐뤼쎌링] 열쇠고리

0344 **das Schlüsseletui, _s** [슐뤼쎌에튀] 열쇠 지갑

0345 **der Garten** [가르텐] 정원

0346 **die Blume, _n** [블루메] 꽃

0347 **der Baum, Bäume** [바움] 나무

0348 **das Gras** [그라스] 풀

0349 **der Rasen** [라젠] 잔디

0350 **der Lift** [리프트] / **der Aufzug** [아우프축] 엘리베이터

0351 **die Treppe** [트레페] 계단

0352 **der Flur** [플루어] 복도

0353 **die Dachterrasse** [닥흐테라쎄] 옥상

0354 **das Dach** [닥흐] 지붕

0355 **der Eingang** [아인강] 입구

0356 **der Ausgang** [아우스강] 출구

0357 **der Briefkasten** [브리-프카스튼] 우편함, 우체통

0358 **die Garage** [가라쥐] 차고

0359 **der Keller** [켈러] 지하실, 지하 창고

0360 **pflanzen** [플란첸] 심다

0361 **das Blatt, Blätter** [블랕] 잎, 꽃잎

0362 **der Ast, Äste** [아스트] 나뭇가지

0363 **die Erde** [에어데] 흙, 지구

0364 **der Boden** [보–든] 땅, 대지

0365 **der Wurm, Würmer** [부엄] 벌레

0366 **mähen** [매엔] (풀을) 깎다

0367 **lang** [랑] 긴

0368 **kurz** [쿠어츠] 짧은

0369 **verwelken** [페어벨큰] 시들다

⋯▸ Die Blumen in der Vase verwelken schon.
[디 블루-멘 인 데어 바-제 페어벨큰 숀.]
꽃병에 있는 꽃들이 벌써 시들고 있다.

0370 **fallen (– fiel – gefallen)** [팔른] 떨어지다

0371 **gießen** [기-쓴] 물을 주다

⋯▸ Kannst du bitte den Blumentopf gießen?
[칸스트 두 비테 덴 블루멘토프 기-쓴?]
그 화분에 물 좀 줄 수 있겠니?

0372 **das Blumenbeet** [블루멘베트] 화단

0373 **das Unkraut** [운크라우트] 잡초

0374 **ausreißen** [아우스라이쓴] (잡초, 풀을) 뽑다

0375 **der Zaun** [차운] 울타리

Szene 02 die Straße
거리

- der Weg 길
- die Gasse 골목, 좁은 길
- die Sackgasse 막다른 골목
- die Ecke 모퉁이, 구석
- die Straßenüberführung 육교
- das Verkehrszeichen 교통 표지
- die Ampel 신호등
- der Fußgänger 보행자
- die Kreuzung 교차로
- die andere Seite 건너편
- die Gegenseite 반대편
- der Pfeil 화살표
- der (Fußgänger)Übergang / der Zebrastreifen 횡단보도
- die linke Seite 좌측
- die rechte Seite 우측

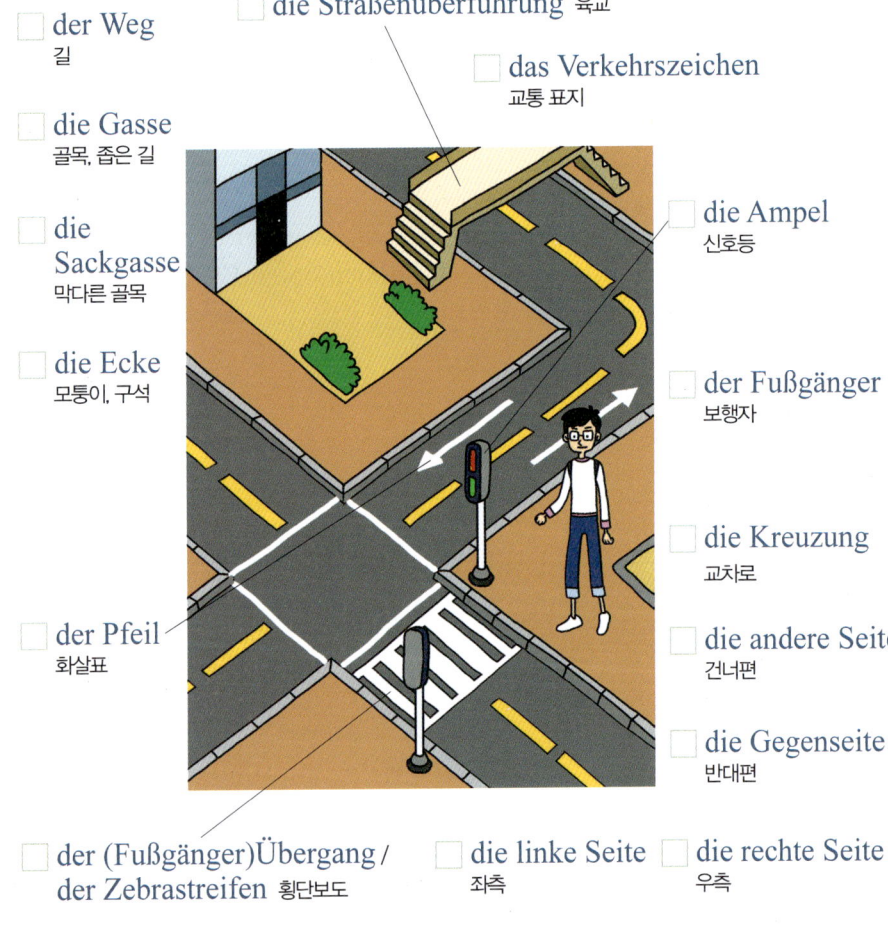

등교

- rauskommen / rausgehen 나가다, 나오다
- umkehren 유턴하다
- geradeaus 곧바로
- (ab)biegen 구부러지다, 구부리다
- um die Ecke biegen 모퉁이를 돌다

- links 왼쪽에
- rechts 오른쪽에
- nach links 왼쪽으로
- nach rechts 오른쪽으로

- eine Straße überqueren 길을 건너다
- zu Fuß gehen 걸어가다
- laufen 달리다, 걷다
- ankommen 도착하다

Szene 02 거리 • 077

생활단어

0376 **die Straße** [슈트라쎄] 거리, 도로

0377 **der Weg** [벡-] 길
⋯ sich nach dem Weg erkundigen / nach dem Weg fragen
[지히 낙흐 뎀 벡-에어쿤디근] / [낙흐 뎀 벡 프라-근]
길을 묻다

0378 **die Gasse** [가쎄] 골목, 좁은 길

0379 **die Sackgasse** [작가쎄] 막다른 골목

0380 **die Ecke** [엑케] 모퉁이, 구석

0381 **die Kreuzung** [크로이충] 교차로

0382 **die andere Seite** [안더레 자이테] 건너편

0383 **die Gegenseite** [게근자이테] 반대편

0384 **die linke Seite** [링케 자이테] 좌측

⋯▸ auf der linken Seite
[아우프 데어 링큰 자이테]
좌측에

0385 **die rechte Seite** [레히테 자이테] 우측

⋯▸ auf der rechten Seite
[아우프 데어 레히튼 자이테]
우측에

0386 **der Fußgänger** [푸쓰갱어] 보행자

0387 **der (Fußgänger)Übergang** [(푸쓰갱어)위버강] /
der Zebrastreifen [체브라슈트라이픈] 횡단보도

0388 **die Ampel** [암펠] 신호등

0389 **das Verkehrszeichen** [페어케어스차이헨] 교통 표지

0390 **die Straßenüberführung** [슈트라쓴위버퓌룽] 육교

0391 **der Pfeil** [파일] 화살표

0392 **rauskommen** [라우스코믄] 나가다, 나오다

0393 **umkehren** [움케렌] 유턴하다

0394 **geradeaus** [게라데아우스] 곧바로
⋯▸ Fahren Sie geradeaus.
[파렌 지 게라데아우스.]
직진하세요.

0395 **(ab)biegen** [(압)비-근] 구부러지다, 구부리다

0396 **um die Ecke biegen** [움 디 엑케 비-근] 모퉁이를 돌다

0397 **links** [링크스] 왼쪽에

0398 **rechts** [레히츠] 오른쪽에

0399 **nach links** [낙흐 링크스] 왼쪽으로

0400 **nach rechts** [낙흐 레히츠] 오른쪽으로

0401 **eine Straße überqueren** [아이네 슈트라쎄 위버크베렌]
길을 건너다

0402 **zu Fuß gehen** [추 푸쓰 게엔] 걸어가다

⋯▶ Gehen wir zu Fuß nach Hause!
[게엔 비어 추 푸쓰 낙흐 하우제!]
우리 집에 걸어가자!

0403 **laufen** [라우픈] 달리다, 걷다

0404 **ankommen** [안코믄] 도착하다

0405 **dauern** [다우어른] (시간이 얼마) 걸리다

⋯▶ Von hier bis zum Bahnhof dauert es mit dem Bus etwa zehn Minuten. [폰 히어 비스 춤 반-호프 다우어르트 에스 밑 뎀 부스 에트바 첸 미누-튼.]
여기부터 역까지는 버스로 약 10분 걸린다.

0406 **gehen** [게엔] 가다

0407 **kommen** [코믄] 오다

0408 **die Richtung** [리히퉁] 방향

0409 **hineingehen** [힌아인겐-] 들어가다

0410 **hineinfahren** [힌아인파-른] (차가) 들어가다, (차를) 안으로 넣다

0411 **der Tunnel** [투늘] 터널

0412 **bequem** [베크뱀] 편리한

0413 **unbequem** [운베크뱀] 불편한

0414 **wieder** [비더] 또, 다시

0415 **nah** [나-] 가까운

0416 **weit** [바이트] 먼

0417 **sich stauen** [지히 슈타우엔] 정체되다, 막히다
⋯▸ Auf dieser Straße staut es sich immer.
[아우프 디저 슈트라쎄 슈타우트 에스 지히 임머.]
이 도로는 항상 정체된다.

0418 **die Verkehrsstockung** [페어케어스슈톡쿵] 교통 혼잡

0419 **der (Verkehrs)stau** [(페어케어스)슈타우] 교통 체증

0420 **der Verkehrsunfall** [페어케어스운팔] 교통사고

0421 **das Tempolimit** [템포리미트] 제한속도

0422 **vorbeigehen** [포어바이게엔] 지나가다

0423 **vorbeikommen** [포어바이코믄] 들르다

0424 **das Dorf** [도르프] 마을, 동네

0425 **der Marktplatz** [마르크트플라츠] 장터

0426 **die Fußgängerzone** [푸쓰갱어초네] 보행자 전용 구역

0427 **die Hauptstraße** [하우프트슈트라쎄] 큰 도로, 간선도로

0428 **die Einbahnstraße** [아인반슈트라쎄] 일방통행로

0429 **der Fahrradweg** [파-라트벡] 자전거 도로

0430 **mit dem Fahrrad fahren** [밑 뎀 파-라트 파-른]
자전거를 타고 가다

⋯▶ Ich fahre mit dem Fahrrad zur Uni.
[이히 파-레 밑 뎀 파-라트 추어 우니.]
나는 대학교에 자전거를 타고 간다.

0431 **der Kiosk** [키오스크] 매점, 가판대

0432 **die Fundsache, _n** [푼트작헤] 습득물

0433 **die Tasche, _n** [타셰] 가방

0434 **wie viel?** [비 필?] 얼마나 많이?

0435 **wie viele?** [비 필레?] 얼마나 많이?, 몇 개?
⋯▸ Wie viele Koreaner leben in Berlin?
[비 필-레 코레아-너 레-븐 인 베를린?]
베를린에는 몇 명의 한국인이 살고 있습니까?

0436 **der Bekannte** [데어 베칸테] /
ein Bekannter [아인 베칸터] 아는 남자, 지인

0437 **die Bekannte** [베칸테] 아는 여자

0438 **grüßen** [그뤼-쓴] 인사하다

Szene 03 die U-Bahn
지하철

- Sitzplätze für Ältere und Schwangere 노인과 임산부를 위한 좌석
- (jm.) seinen (Sitz)Platz anbieten (~에게) 자리를 양보하다
- die Gepäckablage 짐 놓는 선반
- der Koffer 트렁크
- der Gang 통로
- stehen 서 있다
- sitzen 앉아 있다
- der Lautsprecher 스피커
- die Werbung 광고
- die Haltestange 손잡이 기둥
- der Haltegriff 손잡이
- die Fahrkarte 표
- die Dauerkarte 정기권
- die Monatskarte 월정기권
- sich unterhalten 환담하다, 담소를 나누다

교통

- die Station 역
- die U-Bahnstation 지하철역
- der Bahnbeamte /
  ein Bahnbeamter 남자 역무원
- die Bahnbeamtin 여자 역무원

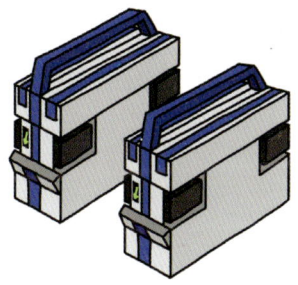

- das öffentliche Telefon 공중전화
- die Telefonzelle 공중전화 부스
- der Fahrkartenschalter 매표소
- der Fahrkartenautomat 승차권 판매기

- der Eingang 입구
- der Ausgang 출구
- einsteigen 타다
- aussteigen 내리다
- umsteigen 갈아타다, 환승하다
- verpassen 놓치다

Szene 03 지하철

교통

- [ ] die Linie 노선
- [ ] das Liniennetz 교통 노선표
- [ ] der Bus 버스
- [ ] der Busfahrer 남자 버스 운전기사
- [ ] die Bushaltestelle 버스 정류장

- [ ] der Ausstiegknopf / der Halteknopf 하차 버튼
- [ ] die Buslinie 버스 노선
- [ ] der Busfahrplan 버스 운행 시간표
- [ ] der Busfahrpreis 버스 요금

- [ ] das Taxi 택시
- [ ] der Taxistand 택시 승강장
- [ ] ein freies Taxi 빈 택시
- [ ] der Grundpreis 기본요금
- [ ] der Taxitarif 택시 요금

교통

- [ ] der Zug 기차
- [ ] der Schnellzug 급행열차
- [ ] der ICE 독일 고속열차

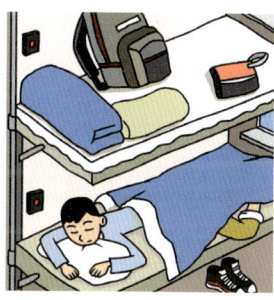

- [ ] der Liegewagen / der Schlafwagen 침대차
- [ ] nach ~ ~를 향해서
- [ ] von ~ ~로부터
- [ ] überfüllt 꽉 찬

- [ ] die überfüllte Straßenbahn 만원 전철
- [ ] die Hauptverkehrszeit 출퇴근 시간
- [ ] die Rushhour 러시아워
- [ ] der letzte Zug 마지막 열차

Szene 03 지하철

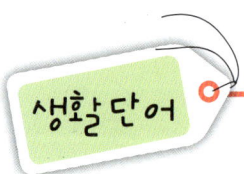

0439 **die U-Bahn** [우-반] 지하철

0440 **die Haltestange** [할테슈탕에] 손잡이 기둥

0441 **der Haltegriff** [할테그맆] 손잡이

0442 **der Lautsprecher** [라웉슈프레혀] 스피커

0443 **die Werbung** [베어붕] 광고

0444 **die Gepäckablage** [게팩앞라게] 짐 놓는 선반

0445 **der Koffer** [코퍼] 트렁크

0446 **sich unterhalten** [지히 운터할튼] 환담하다, 담소를 나누다

0447 **der Gang** [강] 통로

0448 **(jm.) seinen (Sitz)Platz anbieten**
[자이넨 (지츠)플라츠 안비튼] (~에게) 자리를 양보하다

⋯▸ Ich habe einer alten Dame den Platz angeboten.
[이히 하-베 아이너 알튼 다-메 덴 플라츠 안게보-튼.]
나는 어떤 노부인에게 자리를 양보했다.

0449 **Sitzplätze für Ältere und Schwangere**
[지츠플라츠 퓌어 앨터레 운트 슈방어레] 노인과 임산부를 위한 좌석

0450 **stehen** [슈텐-] 서 있다

0451 **sitzen** [지츤] 앉아 있다

0452 **die Fahrkarte** [파-카르테] 표

0453 **die Dauerkarte** [다우어카르테] 정기권

0454 **die Monatskarte** [모나츠카르테] 월정기권

0455 **die Station** [슈타치온] 역

Szene 03 지하철

0456 **die U-Bahnstation** [우-반슈타치온] 지하철역

0457 **der Bahnbeamte** [데어 반베암테] / **ein Bahnbeamter** [아인 반베암터] 남자 역무원

0458 **die Bahnbeamtin** [베암틴] 여자 역무원

0459 **das öffentliche Telefon** [외펜틀리헤 텔레폰] 공중전화

0460 **die Telefonzelle** [텔레폰첼레] 공중전화 부스

0461 **der Fahrkartenschalter** [파-카르튼샬터] 매표소

0462 **der Fahrkartenautomat** [파-카르튼아우토마트] 승차권 판매기

0463 **der Eingang** [아인강] 입구

0464 **der Ausgang** [아우스강] 출구

0465 **einsteigen** [아인슈타이근] 타다

⋯▸ (Alle) Einsteigen, bitte!
[(알레) 아인슈타이근, 빗테!]
(모두) 승차하십시오!

0466 **aussteigen** [아우스슈타이근] 내리다

⋯▸ Ich muss an der nächsten Station aussteigen.
[이히 무스 안 데어 내히스튼 슈타치온 아우스슈타이근]
나는 다음 역에서 내려야 한다.

0467 **umsteigen** [움슈타이근] 갈아타다, 환승하다

0468 **verpassen** [페어파쓴] 놓치다

⋯▸ Ich habe den letzten Bus verpasst.
[이히 하베 덴 레츠튼 부스 페어파스트.]
마지막 버스를 놓쳤다.

0469 **die Linie** [리니에] 노선

0470 **das Liniennetz** [리니엔네츠] 교통 노선표

0471 **der Bus** [부스] 버스

0472 **der Busfahrer** [부스파러] 남자 버스 운전기사

0473 **die Bushaltestelle** [부스할테슈텔레] 버스 정류장

0474 **der Ausstiegknopf** [아우스슈틱크노프] /
der Halteknopf [할테크노프] 하차 버튼

0475 **die Buslinie** [부스리니에] 버스 노선

0476 **der Busfahrplan** [부스파-플란] 버스 운행 시간표

0477 **der Busfahrpreis** [부스파-프라이스] 버스 요금

0478 **das Taxi** [탁시] 택시

0479 **der Taxistand** [탁시슈탄트] 택시 승강장

0480 **ein freies Taxi** [아인 프라이에스 탁시] 빈 택시

0481 **der Grundpreis** [그룬트프라이스] 기본요금

0482 **der Taxitarif** [탁시타리프] 택시 요금

0483 **der Zug** [축-] 기차

0484 **der Schnellzug** [슈넬축-] 급행열차

0485 **der ICE** [이체에] 독일 고속열차 ★Intercityexpress [인터시티엑스프레스]

0486 **der Liegewagen** [리-게바-근] /
der Schlafwagen [슐라-프바-근] 침대차

0487 **nach ~** [낙흐] ~를 향해서

0488 **von ~** [폰] ~로부터

Szene 03 지하철 • 095

0489 **überfüllt** [위버퓔트] 꽉 찬

0490 **die überfüllte Straßenbahn** [위버퓔테 슈트라쓴반-]
만원 전철

0491 **die Hauptverkehrszeit** [하우프트페어케어스차이트]
출퇴근 시간

0492 **die Rushhour** [러쉬아우어] 러시아워

0493 **der letzte Zug** [레츠테 축-] 마지막 열차

0494 **dösen** [되-즌] 잠깐 졸다

0495 **ein Nickerchen machen** [아인 닉커헨 막흔] 잠깐 눈을 붙이다

0496 **die Linie 1** [리니에 아인스] 1호선

⋯▶ Nehmen Sie die U-Bahn-Linie eins.
[네-믄 지 디 우-반 리니에 아인스]
지하철 1호선을 타세요

0497 **die Fahrkartenkontrolle** [파-카르튼콘트롤레] 차표 검사

0498 **der Fahrkartenkontrolleur** [파-카르튼콘트롤뢰어]
남자 검표원

0499 **Eintritt verboten** [아인트릴 페어보-튼] 출입 금지

0500 **Einfahrt verboten** [아인파-(르)트 페어보-튼] 차량 진입 금지

0501 **die Umgehungsstraße** [움게웅스슈트라-쎄] 우회도로

0502 **Vorsicht!** [포어지히트!] 주의!

0503 **Gefahr!** [게파-!] 위험!

0504 **Halt!** [할트!] 정지!

0505 **erste Klasse** [에어스테 클라쎄] 일등석

0506 **zweite Klasse** [츠바이테 클라쎄] 이등석

0507 **die einfache Fahrkarte** [아인팍헤 파-카르테] /
einfach [아인팍흐] 편도표

⋯▸ Nach Frankfurt, einfach, bitte.
[낙흐 프랑크푸어트 아인팍흐 빗테.]
프랑크푸르트행 편도표 한 장 주세요.

0508 **Hin- und Rückfahrkarte** [힌 운트 뤽파-카르테] /
hin und zurück [힌 운트 추뤽] 왕복표

0509 **der Nachtzug** [낙흐트축-] 야간열차

0510 **besetzt** [베제츠트] 사람이 있는

0511 **frei** [프라이] 비어 있는

0512 **der Flughafen** [플룩하-픈] 공항

0513 **das Flugzeug** [플룩초익] 비행기

0514 **fliegen (– flog – geflogen)** [플리-근]
날다, 비행기를 타고 가다

0515 **der Check-in** [첵-인] / **das Einchecken** [아인첵큰]
탑승 수속

0516 **die Bordkarte** [보어트카르테] 탑승권

0517 **der Reisepass** [라이제파쓰] 여권

0518 **die Ausreise** [아우스라이제] 출국

0519 **die Einreise** [아인라이제] 입국

0520 **die Gepäckausgabe** [게팩아우스가-베] 수하물 찾는 곳

0521 **der Zweck der Reise** [츠벡 데어 라이제] 여행 목적

0522 **die Geschäftsreise** [게셰프츠라이제] 업무 여행, 출장

Szene 04
das Büro
사무실

- der Aktenordner 서류철
- die Aktenschachtel 서류함
- die Zeitkartenmaschine 타임카드 기계
- die Kollegin, _nen 여자 동료
- der Kollege, _n 남자 동료
- die Uniform 유니폼
- das Papier 종이
- die Stellwand 칸막이
- der Taschenrechner 전자계산기
- die Akte, _n 서류
- der Drehstuhl 회전의자
- der Vorgesetzte / ein Vorgesetzter 남자 상사
- die Vorgesetzte 여자 상사
- der Untergeordnete 부하

회사 생활

- der Angestellte / ein Angestellter 남자 회사원
- die Angestellte 여자 회사원
- die Arbeit 일
- der Dienst 근무, 복무

- zum Dienst gehen 출근하다
- zur Arbeit gehen 일하러 가다
- ins Büro gehen 사무실에 가다, 출근하다
- die Verspätung 지각
- sich verspäten 늦다

- arbeiten 일하다
- kündigen 계약을 취소하다, 해고 통지를 하다, 사직을 알리다
- von einem Dienst nach Hause gehen 퇴근하다
- der Feierabend 근무 종료, 작업 종료

Szene 04 사무실 • 101

회사 생활

- beschäftigt 바쁜
- unbeschäftigt 한가한
- die Kantine 구내식당

- Pause machen 쉬다
- der Raucherraum / das Raucherzimmer 흡연실
- die Nichtraucherzone / die rauchfreie Zone 금연구역

- der Urlaub 휴가
- der Feiertag 공휴일
- die Fünftagewoche / die Fünf-Tage-Woche 주5일제

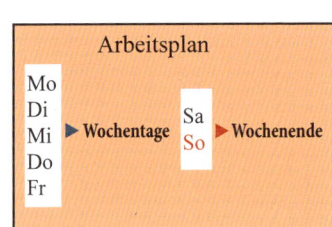

회사 생활

- das Monatsgehalt 월급
- der Zahltag 월급날
- der Bonus 보너스

- steigen 오르다
- sinken 떨어지다, 하락하다
- die Rente, _n 연금
- der Rentner 연금 생활자

- die Arbeitslosigkeit 실업
- der Arbeitslose, ein Arbeitsloser
  남자 실업자
- der Lebenslauf 이력서
- die Kündigung 해고, 퇴직

생활단어

0523 **das Büro** [뷰로] 사무실

0524 **der Aktenordner** [악텐오어드너] 서류철

0525 **die Aktenschachtel** [악텐샥흐텔] 서류함

0526 **die Zeitkartenmaschine** [차이트카르튼마쉬네]
타임카드 기계

0527 **die Uniform** [우니폼] 유니폼

0528 **der Taschenrechner** [타셴레히너] 전자계산기

0529 **das Papier** [파피어] 종이

0530 **die Stellwand** [슈텔반트] 칸막이

0531 **die Akte, _n** [악테] 서류   ★대개 복수로 사용

0532 **der Drehstuhl** [드레슈툴-] 회전의자

0533 **die Kollegin, _nen** [콜레긴] 여자 동료

0534 **der Kollege, _n** [콜레게] 남자 동료

0535 **der Vorgesetzte** [데어 포어게제츠테] / **ein Vorgesetzter** [아인 포어게제츠터] 남자 상사

0536 **die Vorgesetzte** [포어게제츠테] 여자 상사

0537 **der Untergeordnete** [운터게오어드네테] 부하

0538 **der Angestellte** [데어 안게슈텔테] / **ein Angestellter** [아인 안게슈텔터] 남자 회사원

0539 **die Angestellte** [안게슈텔테] 여자 회사원

0540 **die Arbeit** [아르바이트] 일

Szene 04 사무실 • 105

0541 **der Dienst** [딘-스트] 근무, 복무

0542 **zum Dienst gehen** [춤 딘스트 게엔] 출근하다

0543 **zur Arbeit gehen** [추어 아르바이트 게엔] 일하러 가다

0544 **ins Büro gehen** [인스 뷰로 게엔] 사무실에 가다, 출근하다

0545 **die Verspätung** [페어슈패퉁] 지각

0546 **sich verspäten** [지히 페어슈패튼] 늦다
⋯▸ Ich habe mich ein wenig verspätet.
[이히 하베 미히 아인 베니히 페어슈패테트.]
나는 약간 늦었다.

0547 **arbeiten** [아르바이튼] 일하다

0548 **kündigen** [퀸디근] 계약을 취소하다, 해고 통지를 하다, 사직을 알리다

0549 **vom Dienst nach Hause gehen**
[폼 딘스트 낙흐 하우제 겐-] 퇴근하다

0550 **der Feierabend** [파이어아벤트] 근무 종료, 작업 종료

0551 **beschäftigt** [베셰프틱트] 바쁜

0552 **unbeschäftigt** [운베셰프틱트] 한가한

0553 **die Kantine** [칸티네] 구내식당

0554 **Pause machen** [파우제 막흔] 쉬다

⋯▸ Machen wir zehn Minuten Pause!
[막흔 비어 첸 미누튼 파우제!]
10분간 쉽시다!

0555 **der Raucherraum** [라욱허라움] /
das Raucherzimmer [라욱허침머] 흡연실

0556 **die Nichtraucherzone** [니히트라욱허초네] /
die rauchfreie Zone [라욱흐프라이에 초네] 금연구역

Szene 04 사무실 • 107

0557 **der Urlaub** [우얼라웁] 휴가

⋯▸ die Urlaubsreise planen
[우얼라웁스라이제 플라넨]
휴가 여행 계획을 세우다

0558 **der Feiertag** [파이어탁] 공휴일

0559 **die Fünftagewoche / die Fünf-Tage-Woche**
[퓐프타게복헤] 주 5일제

0560 **das Monatsgehalt** [모나츠게할트] 월급

0561 **der Zahltag** [찰-탁] 월급날

⋯▸ Wir freuen uns auf den Zahltag.
[비어 프로이엔 운스 아우프 덴 찰-탁.]
우리는 월급날을 고대한다.

0562 **der Bonus** [보누스] 보너스

⋯▸ Ich habe diesen Monat einen Bonus bekommen.
[이히 하베 디-젠 모나트 아이넨 보누스 베콤믄.]
나는 이번 달에 보너스를 받았다.

0563 **steigen** [슈타이근] 오르다

⋯▶ Das Monatsgehalt ist gestiegen.
[다스 모나츠게할트 이스트 게슈티-근.]
월급이 올랐다.

0564 **sinken** [징큰] 떨어지다, 하락하다

0565 **die Rente, _n** [렌테] 연금

0566 **der Rentner** [렌트너] 연금 생활자

0567 **die Arbeitslosigkeit** [아르바이츠로지히카이트] 실업

0568 **der Arbeitslose** [데어 아르바이츠로제] /
ein Arbeitsloser [아인 아르바이츠로저] 남자 실업자

0569 **der Lebenslauf** [레벤스라우프] 이력서

⋯▶ den Lebenslauf vorlegen
[덴 레벤스라우프 포얼레-근]
이력서를 제출하다

생활단어

0570 **die Entlassung** [앤트라쑹] 해고, 퇴직

0571 **die Kündigung durch den Arbeitnehmer**
[퀸디궁 두어히 덴 아르바이트네-머] 피고용자의 사직

0572 **die Kündigung durch den Arbeitgeber**
[퀸디궁 두어히 덴 아르바이트게버] 고용주의 해고 통지

0573 **das Kündigungsschreiben** [퀸디궁스슈라이븐]
해고 통지서, 사직서

0574 **die Pension** [팡지온] 정년 퇴직

0575 **der Abschiedszuschuss** [앞쉬츠추슈스] 퇴직금

0576 **der Arbeitnehmer** [아르바이트네-머] 피고용자, 근로자

0577 **der Arbeitgeber** [아르바이트게-버] 고용주

0578 **das Vorstellungsgespräch** [포어슈텔룽스게슈프래히]
입사 면접

0579 **die Steuer, _n** [슈토이어] 세금

⋯▶ Steuern zahlen
[슈토이어른 찰-른]
세금을 내다

0580 **die Beförderung** [베페어더룽] 승진

0581 **befördert werden** [베푀르더트 베르덴] 승진하다

0582 **die Überstunde, _n** [위버슈툰데] 시간외 근무
★대개 복수로 사용

0583 **Überstunden machen** [위버슈툰덴 막흔] 시간외 근무를 하다

0584 **die Nachtarbeit** [낙흐트아르바이트] 야간작업

0585 **die Dienststunden** [딘스트슈툰덴] pl. 근무시간

Szene 05 die Schule
학교

- die Schulkantine 학교 식당
- die Mensa (대학) 학생 식당
- das Schülerheim 학교 기숙사
- das Studentenhaus (대학) 학생회관
- das Studentenwohnheim 대학 기숙사
- die Bibliothek 도서관
- die Turnhalle 체육관
- das Anschlagbrett / schwarzes Brett 게시판
- der Schwamm, Schwämme 칠판지우개
- das Schulzimmer / der Klassenraum 교실
- der Hörsaal (대학) 강의실
- die Tafel, _n 칠판
- die Kreide, _n 분필
- das Unterrichtsmaterial, _ien 수업 자료
- das Schulbuch, Schulbücher 교과서

학교 생활

- der Lehrer 남자 선생님
- die Lehrerin, _nen 여자 선생님
- lernen 배우다, 공부하다
- das Lernen 공부

- der Schuldirektor 교장
- der Professor 교수
- lehren 가르치다
- unterrichten 가르치다, 강의하다

- auswendig lernen 외우다
- der Schuleintritt / die Einschulung 초등학교 입학
- die Absolvierung / der Abgang 졸업
- das Abitur 김나지움 졸업시험, 대학입학 자격시험

학교

- der Kindergarten 유치원
- die Grundschule 초등학교

- die Mittelschule (우리나라) 중학교
- die Oberschule (우리나라) 고등학교

- die Berufsschule 직업학교
- die Realschule 실업학교
- das Gymnasium 김나지움
- die Universität 대학교

학교 생활

- die Note, _n 평점, 학점
- das Erstsemester 첫 학기
- die Studentengebühren pl. 대학 학비

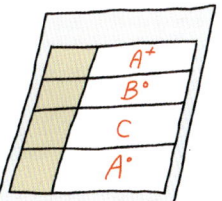

- die Schülerermäßigung 학생 할인
- die Studentenermäßigung 대학생 할인
- der Job 아르바이트
- die Ferienarbeit 방학 아르바이트

- die Sommerferien pl. 여름방학
- die Winterferien pl. 겨울방학
- die Studiumunterbrechung 휴학

생활 단어

0586 **die Schule** [슐레] 학교

0587 **die Schulkantine** [슐칸티네] 학교 식당

0588 **die Mensa** [멘자] (대학) 학생 식당

0589 **das Schülerheim** [슐러하임] 학교 기숙사

0590 **das Studentenhaus** [슈투덴튼하우스] (대학) 학생회관

0591 **das Studentenwohnheim** [슈투덴튼본하임] 대학 기숙사

0592 **die Bibliothek** [비블리오텍] 도서관

0593 **die Turnhalle** [투른할레] 체육관

0594 **das Anschlagbrett** [안슐락브렡] /
schwarzes Brett [슈바르체스 브렡] 게시판

0595 **die Tafel, _n** [타펠] 칠판

0596 **die Kreide, _n** [크라이데] 분필

0597 **der Schwamm, Schwämme** [슈밤] 칠판지우개

0598 **das Schulzimmer** [슐치머] /
der Klassenraum [클라센라움] 교실

0599 **der Hörsaal** [회어잘-] (대학) 강의실

0600 **das Schulbuch, Schulbücher** [슐북흐] 교과서

0601 **das Unterrichtsmaterial, _ien** [운터리히츠마테리알]
수업 자료

0602 **der Lehrer** [레러] 남자 선생님

0603 **die Lehrerin, _nen** [레러린] 여자 선생님

생활단어

0604 **lernen** [레어넨] 배우다, 공부하다

0605 **das Lernen** [레어넨] 공부

0606 **der Schuldirektor** [슐디렉토어] 교장

0607 **der Professor** [프로페소어] 교수

0608 **lehren** [레-른] 가르치다

0609 **unterrichten** [운터리히튼] 가르치다, 강의하다

0610 **auswendig lernen** [아우스벤디히 레어는] 외우다
⋯▸ Lernen Sie das Gedicht auswendig.
[레어는 지 다스 게디히트 아우스벤디히.]
그 시를 암기하세요.

0611 **der Schuleintritt** [슐아인트릿] /
die Einschulung [아인슐룽] 초등학교 입학

0612 **die Absolvierung** [압졸비어룽] / **der Abgang** [압강] 졸업

0613 **das Abitur** [아비투어] 김나지움 졸업시험, 대학입학자격시험

0614 **der Kindergarten** [킨더가르튼] 유치원

0615 **die Grundschule** [그룬트슐레] 초등학교

0616 **die Mittelschule** [미틀슐레] (우리나라) 중학교

0617 **die Oberschule** [오버슐레] (우리나라) 고등학교

0618 **die Berufsschule** [베룹스슐레] 직업학교

0619 **die Realschule** [레알슐레] 실업학교

0620 **das Gymnasium** [김나지움] 김나지움
★독일의 인문계 중등 고등 통합학교

0621 **die Universität** [우니베어지탵] 대학교

0622 **die Hochschule** [혹흐슐레] 대학, 단과대학

0623 **die Musikhochschule** [무직혹흐슐레] 음악대학

0624 **die Fachhochschule** [팍흐혹흐슐레] 전문대학

0625 **die Note, _n** [노테] 평점, 학점

0626 **das Erstsemester** [에어스트제메스터] 첫 학기

0627 **die Studiengebühren** [슈투디엔게뷔-른] pl. 대학 학비

⋯▶ Die Studiengebühren in Deutschland sind relativ gering.
[디 슈투디엔게뷔-른 인 도이췰란트 진트 렐라티프 게링.]
독일의 대학 학비는 비교적 적다.

0628 **die Schülerermäßigung** [슐러에어매씨궁] 학생 할인

0629 **die Studentenermäßigung** [슈투덴튼에어매씨궁]
대학생 할인

0630 **der Job** [좁] 아르바이트

0631 **die Ferienarbeit** [페리엔아르바이트] 방학 아르바이트

0632 **die Sommerferien** [좀머페리엔] pl. 여름방학

⋯▸ Die Sommerferien nähern sich.
[디 좀머페리엔 내어른 지히.]
여름방학이 다가오고 있다.

0633 **die Winterferien** [빈터페리엔] pl. 겨울방학

⋯▸ Die Winterferien gehen zu Ende.
[디 빈터페리엔 겐- 추 엔데.]
겨울방학이 끝나가고 있다.

0634 **die Studiumunterbrechung** [슈투디움운터브레흉] 휴학

0635 **die Fakultät** [파쿨태트] 학부

0636 **der Bachelor** [배췰로어] 학사, 학사 학위

⋯ einen Bachelor-Abschluss erhalten
[아이는 배췰로어 앞슐루스 에어할튼]
학사 학위를 받다

0637 **das Diplom** [디플롬] 디플롬 ★이공, 경영, 예체능 분야의 석사 수준 학위

0638 **der Magister** [마기스터] 석사, 석사 학위 (인문사회계)

0639 **der Doktor** [독토어] 박사, 박사 학위

0640 **das Kommilitonentreffen** [코밀리토는트레픈] 동창회

0641 **der Schulkamerad, _en** [슐카메라트] 학우

0642 **der Schüler** [슐러] 남학생

0643 **die Schülerin, _nen** [슐러린] 여학생

0644 **der Student, _en** [슈투덴트] 남자 대학생

0645 **die Studentin, _nen** [슈투덴틴] 여자 대학생

0646 **die Schuluniform** [슐우니폼] 교복

0647 **das Stipendium** [슈티펜디움] 장학금
⋯▶ sich um ein Stipendium bewerben
[지히 움 아인 슈티펜디움 베베어븐]
장학금을 받으려고 지원하다

0648 **der Stipendiat, _en** [슈티펜디아트] 장학생

0649 **der Akademiker** [아카데미커] 대학 졸업자

0650 **das Gymnasium absolvieren**
[다스 귐나지움 압졸비-른] 김나지움을 졸업하다

0651 **die Frauen-Universität** [프라우엔-우니베어지태트]
여자 대학교

Szene 05 학교 ● 123

사회생활

AM 9:00~PM 9:00

Szene 01 근무

Szene 02 강의

Szene 03 점심식사

Szene 04 회식

Szene 05 운동

Szene 01 die Arbeit im Büro 근무

- der Konferenzraum 회의실
- der Diskussionsgegenstand 토론의 주제
- die Sitzung 집회, 회의
- der Vorsitzende / ein Vorsitzender 남자 의장
- leiten 이끌다, 주재하다
- die Teilnahme 참가
- der Vorschlag 제안
- die Leitung 진행
- die Meinung 의견
- die Diskussion, _en 토론, 논의
- das Thema, Themen 주제
- die Notiz, _en 메모
- notieren 기록하다
- das Material, Materialien 자료
- zustimmen 찬성하다
- die Zustimmung 찬성
- die Gegenstimme 반대표, 반대 의견

회사 생활

- anfangen / beginnen 시작하다
- enden 끝나다
- beenden 끝내다
- bestätigen 확인하다

- gebrauchen 사용하다, 이용하다
- mitteilen 전달하다
- hinreichen 건네주다
- die Visitenkarte, _n 명함

- die Fotokopie / die Kopie 복사
- der Kopierer 복사기
- das Telefon 전화
- das Faxgerät 팩스, 팩스기

생활단어

0652 **die Arbeit im Büro** [아르바이트 임 뷰로] 근무

0653 **der Konferenzraum** [콘페렌츠라움] 회의실

0654 **die Sitzung** [짓충] 집회, 회의

0655 **der Vorsitzende** [데어 포어짓첸데] /
ein Vorsitzender [아인 포어짓첸더] 남자 의장

0656 **leiten** [라이튼] 이끌다, 주재하다

0657 **die Leitung** [라이퉁] 진행

0658 **die Diskussion, _en** [디스쿠씨온] 토론, 논의

0659 **das Thema, Themen** [테마] 주제

0660 **der Diskussionsgegenstand** [디스쿠씨온스게겐슈탄트]
토론의 주제

0661 **die Teilnahme** [타일나-메] 참가

0662 **der Vorschlag** [포어슐락] 제안

0663 **die Meinung** [마이눙] 의견

⋯▶ meiner Meinung nach
[마이너 마이눙 낙흐]
내 의견으로는

⋯▶ Ich bin Ihrer Meinung.
[이히 빈 이-러 마이눙.]
저는 당신의 의견에 찬성입니다.

⋯▶ Ich habe eine andere Meinung.
[이히 하베 아이네 안더레 마이눙.]
제 의견은 다릅니다.

0664 **die Notiz, _en** [노티츠] 메모

0665 **notieren** [노티-렌] 기록하다

0666 **zustimmen** [추슈팀믄] 찬성하다

0667 **die Zustimmung** [추슈팀뭉] 찬성

0668 **die Gegenstimme** [게겐슈팀메] 반대표, 반대 의견

0669 **das Material, Materialien** [마테리알] 자료

0670 **anfangen** [안팡엔] / **beginnen** [베기넨] 시작하다

0671 **enden** [엔든] 끝나다

0672 **beenden** [베엔든] 끝내다

0673 **bestätigen** [베슈태티근] 확인하다

0674 **gebrauchen** [게부라욱흔] 사용하다, 이용하다

0675 **mitteilen** [밑타일른] 전달하다

0676 **hinreichen** [힌라이헨] 건네주다

0677 **die Visitenkarte, _n** [비지튼카르테] 명함

0678 **die Fotokopie** [포토코피] / **die Kopie** [코피] 복사

0679 **der Kopierer** [코피-러] 복사기

0680 **das Telefon** [텔레폰] 전화

0681 **das Faxgerät** [팍스게래트] 팩스, 팩스기

0682 **der Firmenchef** [피르멘셰프] 사장, 회장

0683 **der Vorstandsvorsitzende (von einem Konzern)**
[포어슈탄츠포어짓첸데 (폰 아이넴 콘체른)] (대기업) 회장

0684 **der Bürochef** [뷰로셰프] 과장, 부장

0685 **der Personalchef** [페어조날셰프] 인사과장

0686 **die Geschäftsführung** [게셰프츠퓌룽] 기업 임원진

0687 **der Abteilungsleiter** [압타일룽스라이터] /
die Abteilungsleiterin [압타일룽스라이터린] 과장

0688 **der Sekretär** [제크레테어] 남자 비서

0689 **die Sekretärin** [제크레테린] 여자 비서

0690 **der neue Angestellte** [데어 노이에 안게슈텔테] /
die neue Angestellte [디 노이에 안게슈텔테] 신입사원

0691 **der Direktor** [디렉토어] 국장, 부장, 소장, 교장

0692 **der Chef** [셰프] 과장, 부장, 소장, 사업주

0693 **das Personal** [페어조날] 직원, 사원 ★집합 명사

0694 **der Geschäftsführer** [게섀프츠퓌러] 지배인, 총무, 사무국장

0695 **die Gewerkschaft, _en** [게베어크샤프트] 노동조합

0696 **die Fremdsprache, _n** [프렘트슈프락헤] 외국어

0697 **die Kommunikation** [코무니카치온-] 의사소통

0698 **verstehen (– verstand – verstanden)** [페어슈텐-] 이해하다

0699 **das Verständnis** [페어슈탠트니스] 이해

0700 **missverstehen** [미쓰페어슈텐-] 오해하다

0701 **das Missverständnis** [미쓰페어슈탠트니스] 오해

0702 **unterbrechen** [운터브레헨] 중단하다, 중단시키다

0703 **zuständig (für ~)** [추슈탠디히 (퓌어 ~)]
(~을) 담당하는, 결정권이 있는

0704 **der Zeitplan** [차이트플란] 일정표, 시간표

0705 **die Abfassung** [앞파쑹] (문서) 작성

0706 **vorlegen** [포어레-근] 제출하다

0707 **in Ordnung bringen** [인 오어드눙 브링은] 정리하다

0708 **ordnen** [오어드는] (자료 등을) 정리하다

0709 **verteilen** [페어타일른] 배부하다

0710 **die Telefonverbindung** [텔레폰페어빈둥] 전화 연락, 전화 연결

0711 **verbinden** [페어빈든] 연결하다

0712 **die Nachricht** [낙흐리히트] 메시지

0713 **helfen (– half – geholfen)** (+ 3격) [헬픈] 돕다

0714 **verschieben** [페어쉬-븐] 연기하다, 미루다

0715 **vorbehalten** [포어베할튼] 유보하다

0716 **seinen Dienst vernachlässigen**
[자이는 딘-스트 페어낙흐래씨근] 근무 또는 할 일을 소홀히 하다

0717 **sich überarbeiten** [지히 위버아르바이튼] 과로하다

0718 **die Arbeitsbelastung** [아르바이츠벨라스퉁] 업무 부담

0719 **die Angelegenheit, _en** [안겔레겐하이트] 용건, 용무

0720 **übergeben** [위버게븐] 건네주다

0721 **sagen** [자-근] / **sprechen** [슈프레헨] 말하다

0722 **weitermachen** [바이터막흔] 계속하다

0723 **(auf seinen Platz) zurückgehen** [(아우프 자이느 플라츠) 추뤽겐-] (제자리로) 돌아가다

0724 **erreichen** (+4격) [에어라이헨] ~에게 연락이 닿다

0725 **sich ändern** [지히 앤더른] 바뀌다

0726 **Du hast recht.** [두 하스트 레히트] 네 말이 맞아.

0727 **der Vertrag** [페어트락] 계약
⋯▸ einen Vertrag (ab)schließen
[아이느 페어트락 (앞)슐리쓴]
계약을 체결하다

0728 **das Formular** [포물라] 서식, 서식 용지

0729 **(ein Formular) ausfüllen** [(아인 포물라) 아우스퓔른]
(서식 용지에) 기입하다

··· Füllen Sie bitte das Formular aus.
[퓔렌 지 비테 다스 포물라 아우스.]
그 서식 용지에 기입하세요.

0730 **das Referat** [레페라-트] 보고서

0731 **das Pro und Kontra** [프로 운트 콘트라] 찬반(贊反), 가부

0732 **die Absicht** [앞지히트] 의도, 의향

0733 **die Mehrheit** [메어하이트] 다수

0734 **die Minderheit** [민더하이트] 소수

0735 **kritisieren** [크리티지-렌] 비평하다, 논평하다

Szene 02 die Vorlesung
강의

- das Seminar
  세미나
- schreiben
  쓰다
- die Anwesenheit
  출석, 참석
- die Abwesenheit
  결석, 부재
- die Frage
  질문
- die Antwort
  대답
- der Dozent
  남자 대학 강사
- die Dozentin
  여자 대학 강사
- der Kommilitone
  (대학) 학우, 동창
- der Student
  남자 대학생
- die Studentin
  여자 대학생
- die Seminararbeit
  세미나 리포트
- vorlegen
  제출하다
- der Studentenausweis
  대학생 학생증
- vorzeigen
  꺼내 보이다, 제시하다

학교 생활

- das Wiederholen 반복하기, 복습
- die Vorbereitung 준비, 예습
- die Prüfung, _en 시험
- das Examen 시험

- schwer 어려운
- leicht 쉬운
- die Note, _n 점수
- abgucken / spicken 커닝하다

- das Studienfach 전공
- das erste Semester 1학기
- das zweite Semester 2학기
- das dritte Semester 3학기

0736 **die Vorlesung** [포얼레중] 강의

0737 **das Seminar** [제미나] 세미나

0738 **die Anwesenheit** [안베젠하이트] 출석, 참석

0739 **die Abwesenheit** [압베젠하이트] 결석, 부재

0740 **der Dozent** [도첸트] 남자 대학 강사

0741 **die Dozentin** [도첸틴] 여자 대학 강사

0742 **die Frage** [프라게] 질문

0743 **fragen** [프라-근] 질문하다

0744 **die Antwort** [안트보르트] 대답

0745 **antworten** [안트보르튼] 대답하다

0746 **schreiben** [슈라이븐] 쓰다

0747 **die Seminararbeit** [제미나아르바이트] 세미나 리포트

0748 **vorlegen** [포얼레근] 제출하다

0749 **der Studentenausweis** [슈투덴튼아우스바이스]
대학생 학생증

0750 **vorzeigen** [포어차이근] 꺼내 보이다, 제시하다

0751 **der Kommilitone** [코밀리토네] (대학) 학우, 동창

0752 **der Student** [슈투덴트] 남자 대학생

0753 **die Studentin** [슈투덴틴] 여자 대학생

0754 **das Wiederholen** [비더홀-른] 반복하기, 복습

0755 **die Vorbereitung** [포어베라이퉁] 준비, 예습

0756 **die Prüfung, _en** [프뤼-풍] 시험

0757 **das Examen** [엑사믄] 시험

0758 **schwer** [슈베어] 어려운

0759 **leicht** [라이히트] 쉬운

0760 **die Note, _n** [노테] 점수

0761 **abgucken** [앞국큰] / **spicken** [슈픽큰] 커닝하다

0762 **das Studienfach** [슈투디엔팍흐] 전공

0763 **das erste Semester** [다스 에어스테 제메스터] 1학기

0764 **das zweite Semester** [다스 츠바이테 제메스터] 2학기

0765 **das dritte Semester** [다스 드릿테 제메스터] 3학기

0766 **eine Prüfung machen** [아이네 프뤼풍 막흔] 시험을 치다

0767 **die Prüfung bestehen** [디 프뤼풍 베슈텐-] 시험에 합격하다

0768 **die schriftliche Prüfung** [디 슈리프틀리헤 프뤼-풍]
필기시험

0769 **die mündliche Prüfung** [디 뮨틀리헤 프뤼-풍] 구술시험

0770 **das Sommersemester** [좀머제메스터] 여름 학기

0771 **das Wintersemester** [빈터제메스터] 겨울 학기

0772 **das Semesterende** [제메스터엔데] 학기말

0773 **die Bildung** [빌둥] 교양, 교육

0774 **die Berufsausbildung** [베룊스아우스빌둥] 직업 교육

0775 **die Erwachsenenbildung** [에어박세는빌둥] 성인 교육

0776 **(sich) eilen** [(지히) 아일른] 서두르다

0777 **aufschreiben** [아우프슈라이븐] 적다, 필기하다

0778 **abschreiben** [앞슈라이븐] 베끼다

0779 **falsch** [팔슈] 틀린

0780 **richtig** [리히티히] 옳은

0781 **denken (– dachte – gedacht)** [뎅큰] 생각하다

0782 **das Interesse** [인터레쎄] 관심

0783 **interessant** [인터레산트] 흥미 있는

0784 **sich (für ~) interessieren** [지히 (퓌어~) 인터레씨-른]
~에 관심이 있다, ~에 흥미가 있다

0785 **einfallen** [아인팔론] 생각이 떠오르다

⋯▸ Plötzlich ist mir eine gute Idee eingefallen.
[플뢰츨리히 이스트 미어 아이네 구테 이데 아인게팔른.]
갑자기 나에게 좋은 생각이 떠올랐다.

0786 **der Assistent, _en** [아씨스텐트] 남자 조교

0787 **der Austauschstudent** [아우스타우쉬슈투덴트]
남자 교환학생

0788 **die Austauschstudentin** [아우스타우쉬슈투덴틴]
여자 교환학생

Szene 03 das Mittagessen
점심식사

- [ ] die Schnellgaststätte / das Fast Food Restaurant
  패스트푸드점
- [ ] die (das) Cola 콜라
- [ ] der Milchshake 밀크셰이크
- [ ] der Eiskaffee 아이스커피
- [ ] das Hähnchen 치킨
- [ ] der Trinkhalm / der Strohhalm 빨대
- [ ] plaudern 잡담하다, 재잘거리다
- [ ] schwätzen 잡담하다, 수다를 떨다
- [ ] die Currywurst 카레소시지
- [ ] der Hamburger 햄버거
- [ ] der Cheeseburger 치즈버거
- [ ] der Doppel-Hamburger 빅맥
- [ ] die Pommes frites pl. 감자튀김
- [ ] der (das) Ketchup 케첩

점심식사

- der Snack 스낵
- der Imbiss 가벼운 식사
- das Imbisslokal (= der Imbiss)
  스낵바, 간이식당
- der Hotdog 핫도그

- die Nudel, _n 국수
- das Curry 카레
- der (das) Sandwich 샌드위치
- das Käsebrot 치즈 샌드위치
- das Wurstbrot 소시지 샌드위치

- die Pizza 피자
- die Spa(h)getti pl. 스파게티
- der Kuchen 케이크
- ein Stück Kuchen 케이크 한 조각

0789 **das Mittagessen** [밑탁에쓴] 점심식사

0790 **die Schnellgaststätte** [슈넬가스트슈탯테] / **das Fast Food Restaurant** [파스트 푸드 레스토랑] 패스트푸드점

0791 **die Currywurst** [커리부어스트] 카레소시지

0792 **der Hamburger** [함부르거] 햄버거

0793 **der Cheeseburger** [치즈부어거] 치즈버거

0794 **der Doppel-Hamburger** [도플-함부르거] 빅맥

0795 **das Hähnchen** [핸헨] 치킨

0796 **die Pommes frites** [폼 프리트] pl. 감자튀김

0797 **der (das) Ketchup** [케첩] 케첩

0798 **die (das) Cola** [콜라] 콜라

0799 **der Eiskaffee** [아이스카페] 아이스커피

0800 **der Milchshake** [밀히셰이크] 밀크셰이크

0801 **der Trinkhalm** [트링크할름] / **der Strohhalm** [슈트로할름]
빨대

0802 **plaudern** [플라우던] 잡담하다, 재잘거리다

0803 **schwätzen** [슈배첸] 잡담하다, 수다를 떨다

0804 **der Snack** [스낵] 스낵

0805 **der Imbiss** [임비스] 가벼운 식사

0806 **das Imbisslokal (= der Imbiss)** [임비스로칼 (= 임비스)]
스낵바, 간이식당

0807 **der Hotdog** [핫독] 핫도그

0808 **die Nudel, _n** [누들] 국수

0809 **das Curry** [커리] 카레

0810 **das Sandwich** [샌드위치] 샌드위치

0811 **das Käsebrot** [캐제브로트] 치즈 샌드위치

0812 **das Wurstbrot** [부어스트브로트] 소시지 샌드위치

0813 **die Pizza** [피차] 피자

0814 **die Spag(h)etti** [슈파게티] pl. 스파게티

0815 **der Kuchen** [쿠흔] 케이크

0816 **ein Stück Kuchen** [아인 슈튁 쿠흔] 케이크 한 조각

0817 **der Apfelkuchen** [앞펠쿠흔] 애플 케이크

0818 **der Obstkuchen** [옵스트쿠흔] 과일 케이크

0819 **der Do(ugh)nut** [도널] 도넛

0820 **das Tagesmenü** [타게스메뉘]
(메뉴가 그날그날 바뀌는) 오늘의 정식

0821 **das Mittagsbrot** [밑탁스브로트] 점심도시락 빵

0822 **die Mittagspause** [밑탁스파우제] 낮 휴식 시간, 점심 시간

0823 **das Fastfood** [파스트푸드] 패스트푸드

0824 **das Rührei, _er** [뤼어아이] 스크램블 에그

생활단어

0825 **die Wurst, Würste** [부어스트] 소시지

0826 **die Bratwurst** [브랄부어스트] 구운 소시지

0827 **genug** [게눅] / **genügend** [게뉘겐트] 충분한

0828 **das Steak** [스테-크] 스테이크

0829 **gut durchgebraten** [굴 두어히게브라튼] 잘 익힌

0830 **halb durchgebraten** [할프 두어히게브라튼] 반쯤 익힌

0831 **nur schwach gebraten** [누어 슈박흐 게브라튼] 살짝 익힌

0832 **zäh** [채-] 질긴

0833 **die Lasagne** [라자녜] 라자냐 ★납작하고 큰 파스타

0834 **das Schnitzel** [슈닛츨] 커틀릿

0835 **das Menü** [메뉴] 세트 메뉴, 정식

0836 **probieren** [프로비-른] 시식하다, 시음하다

0837 **die Kalorie, _n** [칼로리] 칼로리

⋯▸ Schokolade enthält viele Kalorien.
[쇼콜라-데 엔트핼트 필-레 칼로리엔.]
초콜릿은 높은 칼로리를 함유하고 있다.

0838 **kalorienarm** [칼로리엔아름] 칼로리가 낮은

0839 **kalorienreich** [칼로리엔라이히] 칼로리가 높은

0840 **der Kaloriengehalt** [칼로리엔게할트] 칼로리 함유량

0841 **der Joghurt** [요구어트] 요구르트

0842 **das Fett** [펫] 지방

0843 **fettig** [펱티히] 기름진

0844 **fettarm** [펱아름] 지방 함유가 적은

0845 **das Eiweiß** [아이바이쓰] 단백질

0846 **das Kohlenhydrat** [콜렌휘드라트] 탄수화물

0847 **reichhaltig** [라이히할티히] 풍부한

0848 **frisch** [프리쉬] 신선한

0849 **mild** [밀트] (맛이) 담백한, 순한

0850 **würzig** [뷰르치히] 풍미 있는, 향이 강한

0851 **scharf** [샤프] 매운

0852 **groß** [그로쓰] 큰

0853 **mittel** [미틀] 중간의

0854 **klein** [클라인] 작은

0855 **das Eis** [아이스] / **das Speiseeis** [슈파이제아이스]
아이스크림

0856 **der Erdbeergeschmack** [에어트베어게슈막] 딸기 맛

0857 **der Schokogeschmack** [쇼코게슈막] 초콜릿 맛

0858 **der Vanillegeschmack** [바닐레게슈막] 바닐라 맛

0859 **das Kakaogetränk** [카카오게트랭크] 코코아 음료

Szene 04 Gemeinsames Essen mit Kollegen 회식

- die Kneipe 간이주점
- das Stammlokal 단골 레스토랑, 단골 카페, 단골 바
- Pros(i)t! / Zum Wohl! 건배!
- ein Prosit (auf jn.) ausbringen (~를 위해) 건배하다 
- die Beilage 안주
- der Stammgast 단골손님
- trinken 마시다
- der Wein 와인
- das Bier 맥주
- das Fassbier / das Bier vom Fass 생맥주
- der Flaschenöffner 병따개
- der Bierkrug 생맥주잔
- betrunken 술에 취한

술자리

- der Alkohol 술, 주류
- der Cocktail 칵테일
- der Whisky 위스키
- der Wodka 보드카
- der Sekt 샴페인

- stark 강한
- schwach 약한
- der Brummschädel 숙취
- wanken 비틀거리다

- das Lokal 주점
- die Karaokebar 노래방, 노래방 기기
- singen 노래하다

Szene 04 회식

0860 **Gemeinsames Essen mit Kollegen**
[게마인자메스 에쓴 밑 콜레-겐] 동료들과의 회식

0861 **die Kneipe** [크나이페] 간이주점

0862 **das Stammlokal** [슈탐로칼] 단골 레스토랑, 단골 카페, 단골 바

0863 **der Stammgast** [슈탐가스트] 단골손님

0864 **die Beilage** [바일라게] 안주

0865 **Pros(i)t!** [프로스트!] / **Zum Wohl!** [춤 볼-!] 건배!

0866 **ein Prosit (auf jn.) ausbringen**
[아인 프로짙 아우스브링은] (~를 위해) 건배하다

0867 **der Flaschenöffner** [플라셴외프너] 병따개

0868 **trinken** [트링큰] 마시다

0869 **der Wein** [바인] 와인

0870 **das Bier** [비어] 맥주

0871 **das Fassbier** [파쓰비어] /
das Bier vom Fass [비어 폼 파쓰] 생맥주

0872 **der Bierkrug** [비어크룩] 생맥주잔

0873 **betrunken** [베트룽큰] 술에 취한

0874 **der Alkohol** [알코홀] 술, 주류

0875 **der Cocktail** [콕테일] 칵테일

0876 **der Whisky** [위스키] 위스키

0877 **der Wodka** [보트카] 보드카

0878 **der Sekt** [젝트] 샴페인

0879 **stark** [슈타르크] 강한

0880 **schwach** [슈바흐] 약한

0881 **der Brummschädel** [브룸섀들] 숙취

0882 **wanken** [방큰] 비틀거리다

0883 **das Lokal** [로칼] 주점

0884 **die Karaokebar** [카라오케바-] 노래방, 노래방 기기

0885 **singen** [징은] 노래하다

0886 **das Flaschenbier** [플라셴비어] 병맥주

0887 **das Dosenbier** [도젠비어] 캔맥주

0888 **alkoholfrei** [알코홀프라이] 알코올을 함유하지 않은

0889 **alkoholfreies Bier** [알코홀프라이에스 비어] 무알코올 맥주

0890 **der Rotwein** [로트바인] 레드와인

0891 **der Weißwein** [바이쓰바인] 화이트와인

0892 **noch ein Glas** [녹흐 아인 글라스] 한 잔 더

0893 **voll** [폴] 가득, 가득 찬

0894 **maßvoll** [마쓰폴] 적당한, 온건한

0895 **der Rohfisch** [로피쉬] 회

0896 **das Sushi** [수쉬] 초밥

0897 **das Eis** [아이스] 얼음

0898 **der Tofu** [토푸] 두부

0899 **die Meeresfrüchte** [메레스프뤼히테] pl. 해산물

0900 **der Fisch** [피쉬] 생선

0901 **der Thunfisch** [툰피쉬] 참치

0902 **der Hering, _e** [헤링] 청어

0903 **der Aal** [아알] 뱀장어

0904 **die Muschel, _n** [무셸] 조개

0905 **die Auster, _n** [아우스터] 굴

0906 **die Krabbe, _n** [크라베] 게

0907 **der Krebs, _e** [크렙스] 가재, 게

0908 **der Hummer** [후머] 바닷가재

0909 **die Garnele, _n** [가넬레] / **der Schrimp, _s** [슈림프] 새우

0910 **der Tintenfisch, _e** [틴텐피쉬] 오징어

0911 **der Lachs, _e** [락스] 연어

0912 **der Oktopus** [옥토푸스] 문어

0913 **die Bratkartoffeln** [브랕카토펠른] pl. 기름에 볶은 감자 요리

0914 **rauchen** [라우흔] 담배를 피우다

⋯▸ Er raucht zu viel.
[에어 라우흐트 추 필-.]
그는 담배를 너무 많이 피운다.

0915 **das Passivrauchen** [파씨프라우흔] 간접흡연

0916 **tanzen** [탄첸] 춤추다

⋯▸ Sie tanzt gut.
[지 탄츠트 굴-.]
그녀는 춤을 잘 춘다.

0917 **locker** [록커] 느슨한, 풀어진

0918 **frei** [프라이] 자유로운

0919 **aktiv** [악티-프] 적극적인, 능동적인

0920 **passiv** [파씨-프] 소극적인, 수동적인

0921 **schüchtern** [쉬히턴] 수줍어 하는, 소심한

0922 **die Stimmung heben** [디 슈티뭉 헤-븐] 분위기를 돋우다

0923 **die Stimmung verderben** [디 슈티뭉 페어데르븐]
분위기를 망치다

0924 **die Kultur, _en** [쿨투어] 문화

0925 **die Gewohnheit, _en** [게본하이트] 습관

0926 **aus Gewohnheit zu viel Alkohol trinken**
[아우스 게본하이트 추 필 알코홀 트링큰] 습관적으로 과음하다

0927 **die Gesundheit gefährden** [디 게준트하이트 게패어든]
건강을 해치다

0928 **sich gewöhnen (an ~)** [지히 게뵈-는 (안~)]
(~에) 익숙해지다

⋯▶ Wir haben uns an deutsches Essen gewöhnt.
[비어 하븐 운스 안 도이췌스 에쎈 게뵌트.]
우리는 독일 음식에 익숙해졌다.

Szene 04 회식 • 165

Szene 05 der Sport
운동

- der Fußball 축구
- die Fußballmannschaft 축구팀
- das Stadion 경기장
- das Finale 결승전
- der Trainer 남자 코치
- die Trainerin 여자 코치
- die Regel 규칙
- der Schiedsrichter 심판
- die gelbe Karte 옐로카드
- der Ball, Bälle 공
- der Kapitän 주장
- der Torwart 골키퍼
- der Stürmer 공격수
- der Verteidiger 수비수
- der Mittelfeldspieler 미드필더

스포츠

- der Sportanzug 운동복
- der Sportplatz 운동장
- das Spiel 경기, 시합

- spielen 놀다, 연주하다, 경기를 하다
- gewinnen 이기다, 얻다
- verlieren 지다, 잃다
- anfeuern 응원하다, 격려하다

- der Fan, _s / der Anhänger 팬, 추종자
- das Team, _s 팀
- die Mannschaft, _en 선수단
- der Spieler 선수

생활단어

0929 **der Sport** [슈포트] 운동, 스포츠

0930 **der Fußball** [푸쓰발] 축구

0931 **die Fußballmannschaft** [푸쓰발만샤프트] 축구팀

0932 **das Stadion** [슈타디온] 경기장

0933 **das Finale** [피날-레] 결승전

0934 **der Trainer** [트레-너] 남자 코치

0935 **die Trainerin** [트레너린] 여자 코치

0936 **der Schiedsrichter** [쉬-츠리히터] 심판

0937 **die Regel** [레-겔] 규칙

0938 **die gelbe Karte** [겔베 카르테] 옐로카드

0939 **der Kapitän** [카피탠-] 주장

0940 **der Torwart** [토어바르트] 골키퍼

0941 **der Stürmer** [슈튀르머] 공격수

0942 **der Verteidiger** [페어타이디거] 수비수

0943 **der Mittelfeldspieler** [밋틀펠트슈필-러] 미드필더

0944 **der Ball, Bälle** [발] 공

0945 **der Sportanzug** [슈포트안축] 운동복

0946 **der Sportplatz** [슈포트플라츠] 운동장

0947 **das Spiel** [슈필-] 경기, 시합

0948 **spielen** [슈필-렌] 놀다, 연주하다, 경기를 하다

⋯▸ Heute spielt Deutschland gegen Italien.
[호이테 슈필-트 도이췰란트 게겐 이탈리엔.]
오늘 독일 대 이탈리아 경기가 있다.

0949 **gewinnen** [게비는] 이기다, 얻다

⋯▸ Unsere Mannschaft hat heute das Fußballspiel gewonnen.
[운저레 만샤프트 핫 호이테 다스 푸쓰발슈필 게보는.]
우리 팀이 오늘 축구 경기에서 이겼다.

0950 **verlieren** [페얼리른] 지다, 잃다

0951 **anfeuern** [안포이언] 응원하다, 격려하다

0952 **der Fan, _s** [팬] / **der Anhänger** [안행어] 팬, 추종자

0953 **das Team, _s** [팀] 팀

0954 **die Mannschaft, _en** [만샤프트] 선수단

0955 **der Spieler** [슈필러] 선수

0956 **das Abseits** [앞자이츠] 오프사이드

0957 **die Flagge heben** [디 플라게 헤-븐] 깃발을 들다

0958 **der Anpfiff** [안피프] 경기 시작 호각

0959 **der Abpfiff** [앞피프] 경기 종료 호각

0960 **der Elfmeter** [엘프메터] 페널티킥

0961 **das Elfmeterschießen** [엘프메터쉬-쓴] 승부차기

0962 **die Verlängerung** [페어랭어룽] 연장

생활단어

0963 **foulen** [파울른] 반칙을 하다

0964 **absichtlich stören** [압지히틀리히 슈퇴-른]
의도적으로 방해하다

0965 **der Freistoß** [프라이슈토쓰] 프리킥

0966 **die erste Halbzeit** [디 에어스테 할프차이트] 전반
⋯▸ Die erste Halbzeit ist zu Ende.
[이 에어스테 할프차이트 이스트 추 엔데.]
전반전이 끝났다.

0967 **die zweite Halbzeit** [디 츠바이테 할프차이트] 후반
⋯▸ Die zweite Halbzeit beginnt.
[디 츠바이테 할프차이트 베긴트.]
후반전이 시작되다.

0968 **der Spielstand** [슈필슈탄트] 득점 상황

0969 **der Gleichstand** [글라이히슈탄트] 동점, 무승부

0970　**das Tor, _e** [토어] 골대

0971　**Tor!** [토에] 골인!

0972　**die Weltmeisterschaft** [벨트마이스터샤프트] 월드컵

0973　**der Pokal** [포칼-] 우승컵

0974　**das Halbfinale** [할프피날-레] 준결승

0975　**das Viertelfinale** [피어틀피날-레] 준준결승

0976　**schießen** [쉬-쓴] 쏘다, 공을 차다

0977　**köpfen** [쾨프픈] 헤딩하다

0978　**werfen** [베어픈] 던지다

0979 **den Ball halten** [덴 발 할튼] 공을 잡다

0980 **der Sieger** [지-거] 승자

0981 **der Verlierer** [페얼리-러] 패자

0982 **das Schwimmbad** [슈빔바트] 풀장

0983 **tief** [티-프] 깊은

0984 **seicht** [자이히트] 얕은

0985 **untertauchen** [운터타욱흔] 잠수하다

0986 **sinken** [징큰] 가라앉다

0987 **schwimmen** [슈비믄] 수영하다

0988 **ungeschickt** [운게쉭트] 서툰

0989 **geschickt** [게쉭트] 숙련된, 능숙한

0990 **das Rückenschwimmen** [뤽켄슈비믄] 배영

0991 **das Brustschwimmen** [브루스트슈비믄] 평영

0992 **das Kraulschwimmen** [크라울슈미믄] 자유형

0993 **der Bikini** [비키니] 비키니

0994 **der Badeanzug** [바데안축-] 여성용 수영복

0995 **die Badehose** [바데호제] 남성용 수영복

0996 **die Badekappe** [바데카페] / **die Bademütze** [바데뮟체]
수영모

생활단어

0997 **gut** [굳-] 좋은

0998 **schlecht** [슐레히트] 나쁜

0999 **gesund** [게준트] 건강한

1000 **kräftig** [크래프티히] 힘센, 강건한

1001 **stark** [슈타크] 강한

1002 **schwach** [슈박흐] 약한, 허약한

1003 **können ~** [쾨는] ~을 할 수 있다   ★조동사

1004 **üben** [위븐] 연습하다

1005 **selbstbewusst** [젤프스트베부스트] 자신 있는, 자부심 있는

1006 **das Selbstbewusstsein** [젤프스트베부스트자인]
자부심, 자신감

1007 **trainieren** [트레니-른] 훈련시키다, 훈련하다, 연습하다

1008 **der Schweiß** [슈바이쓰] 땀

1009 **schwitzen** [슈빗츤] 땀 흘리다

1010 **der Sieg** [지-크] 승리

1011 **die Niederlage** [니더라게] 패배

1012 **die Gold-Medaille** [골트메달리예] 금메달

1013 **die Silber-Medaille** [질버메달리예] 은메달

1014 **die Bronze-Medaille** [브롱세메달리예] 동메달

Teil

IV

집안일

Szene 01 거실

Szene 02 청소

Szene 03 세탁하기

Szene 04 장보기

Szene 05 요리

Szene 01 das Wohnzimmer
거실

- das Fenster 창문
- die Gardine 커튼
- die Klimaanlage 에어컨
- die Wand 벽
- die Tür 문
- das Sofa 소파
- die Steckdose 콘센트
- der Sessel 1인용 안락의자
- das Kissen 쿠션
- das Radio 라디오
- der Standventilator 선풍기
- der Videorekorder 비디오
- der Tisch 탁자
- der Bilderrahmen 액자
- die Vase 꽃병

집

- [ ] der Fußboden 마루
- [ ] die Zimmerdecke 천장
- [ ] die Tapete 벽지
- [ ] der Teppich 카펫

- [ ] der Balkon 발코니
- [ ] sonnig 햇볕이 잘 드는
- [ ] der Sonnenschein 햇빛

- [ ] das Haustier 애완동물
- [ ] der Hund, _e 개
- [ ] die Katze, _n 고양이
- [ ] der Vogel, Vögel 새
- [ ] der Goldfisch, _e 금붕어

1015 **das Wohnzimmer** [본침머] 거실

1016 **das Fenster** [펜스터] 창문

1017 **die Gardine** [가디네] 커튼

1018 **die Wand** [반트] 벽

1019 **die Klimaanlage** [클리마안라게] 에어컨

1020 **die Tür** [튀어] 문

1021 **das Sofa** [조-파] 소파

1022 **der Sessel** [제쎌] 1인용 안락의자

1023 **das Kissen** [키쎈] 쿠션

1024　**das Radio** [라디오]　라디오

1025　**der Videorekorder** [비데오레코더]　비디오

1026　**der Tisch** [티쉬]　탁자

1027　**die Vase** [바-제]　꽃병

1028　**der Bilderrahmen** [빌더라-믄]　액자

1029　**der Standventilator** [슈탄트벤틸라토어]　선풍기

1030　**die Steckdose** [슈텍도-제]　콘센트

1031　**der Fußboden** [푸쓰보든]　마루

1032　**die Zimmerdecke** [침머덱케]　천장

1033 **die Tapete** [타페테] 벽지

1034 **der Teppich** [테피히] 카펫

1035 **der Balkon** [발콘] 발코니

1036 **sonnig** [조니히] 햇볕이 잘 드는

1037 **der Sonnenschein** [존넨샤인] 햇빛

1038 **das Haustier** [하우스티어] 애완동물

1039 **der Hund, _e** [훈트] 개

1040 **die Katze, _n** [캇체] 고양이

1041 **der Vogel, Vögel** [포겔] 새

1042 **der Goldfisch, _e** [골트피쉬] 금붕어

1043 **das Familienfoto** [파밀리엔포토] 가족사진

1044 **das Arbeitszimmer** [아르바이츠침머] 서재

1045 **der CD-Player** [체데플레이어] CD 플레이어

1046 **der DVD-Player** [데파우데플레이어] DVD 플레이어

1047 **die Stereoanlage** [슈테레오안라게] 스테레오 시설

1048 **der Lichtschalter** [리히트샬터] 전등 스위치

1049 **der Stecker** [슈텍커] 플러그

1050 **das Heizgerät** [하이츠게래-트] / **die Heizung** [하이충]
난방 기구

1051 **die Temperatur** [템페라투어] 온도

1052 **innen** [인넨] 안쪽에

1053 **draußen** [드라우쓴] 밖에

1054 **breit** [브라이트] 넓은

1055 **eng** [엥] 좁은

1056 **hell** [헬] 밝은

1057 **dunkel** [둥클] 어두운

1058 **ruhig** [루이히] 조용한

1059 **kaputtgehen** [카풀겐-] 망가지다, 부서지다

1060 **kaputtmachen** [카풀막흔] 망가뜨리다

1061 **reparieren** [레파리-른] 고치다, 수리하다

1062 **stellen** [슈텔른] 세워 놓다

1063 **die Möbel** [뫼벨] pl. 가구

1064 **modern** [모데른] 현대적인

1065 **trendy** [트렌디] 유행에 맞는

1066 **altmodisch** [알트모디쉬] 구식의

1067 **die Antiquität, _en** [안티크비탵] 골동품

1068 **traditionell** [트라디치오넬] 전통적인

1069 **konservativ** [콘저바티프] 보수적인

1070 **ein Haustier halten** [아인 하우스티어 할튼] 애완동물을 기르다

1071 **der Käfig, _e** [캐피히] 새장

1072 **das Futter** [푸터] 먹이, 사료

1073 **das Rauchen** [라욱흔] 흡연
→ Das Rauchen schadet der Gesundheit.
[다스 라욱흔 샤데트 데어 게준트하이트.]
흡연은 건강에 해롭다.

1074 **der Aschenbecher** [아셴베허] 재떨이

1075 **die Zigarette, _n** [치가레테] 담배

1076 **das Feuerzeug** [포이어초잌] 라이터

1077 **der Blumentopf** [블루멘토프] 화분

1078 **der Kronleuchter** [크론로이히터] 샹들리에

1079 **exklusiv** [엑스클루지-프] 배타적인, 고급의

1080 **die Liege, _n** [리-게] 눕는 의자

1081 **die Armlehne, _n** [아름레-네] (의자의) 팔걸이

1082 **einrichten** [아인리히튼] (가구 따위를) 비치하다

1083 **die Einrichtung** [아인리히퉁] 설비, 가구

1084 **schmücken** [슈뮉큰] 장식하다

1085 **schmucklos** [슈묵로스] 장식이 없는, 꾸미지 않은

Szene 01 거실 ● 189

Szene 02 das Saubermachen
청소

- der Müll 쓰레기
- der Kehricht 쓰레기, 티끌
- der Staub 먼지
- der Papierfetzen 종잇조각
- der Bodenwischer 대걸레
- der Staubsauger 진공청소기
- einschalten 켜다
- ausschalten 끄다
- die Mülltüte 쓰레기봉투
- der Eimer 양동이
- der Lappen 걸레
- der Besen 빗자루
- der Mülleimer / der Kehrichteimer 휴지통
- die Kehrichtschaufel / das Kehrblech 쓰레받기

집 정리

- schmutzig 더러운
- sauber 깨끗한
- wegwerfen 내버리다
- verbrennen 태우다

- befeuchten 적시다
- auswringen 물기를 짜다
- fegen 쓸다
- putzen 닦다, 청소하다

- die Wiederverwertung / das Recycling 재활용
- die Essensreste pl. 음식물 쓰레기
- der Müllabfuhrtag 쓰레기 수거일

생활단어

1086 **das Saubermachen** [자우버막흔] 청소

1087 **der Müll** [뮐] 쓰레기

1088 **der Kehricht** [케리히트] 쓰레기, 티끌

1089 **der Staub** [슈타웁] 먼지

1090 **der Papierfetzen** [파피어페첸] 종잇조각

1091 **der Eimer** [아이머] 양동이

1092 **der Lappen** [라픈] 걸레

1093 **der Bodenwischer** [보든비셔] 대걸레

1094 **der Besen** [베젠] 빗자루

1095 **die Kehrichtschaufel** [케리히트샤우펠] / **das Kehrblech** [케어블레히] 쓰레받기

1096 **die Mülltüte** [뮐튀-테] 쓰레기봉투

1097 **der Staubsauger** [슈타웁자우거] 진공청소기

1098 **einschalten** [아인샬튼] 켜다

1099 **ausschalten** [아우스샬튼] 끄다

1100 **der Mülleimer** [뮐아이머] / **der Kehrichteimer** [케리히트아이머] 휴지통

1101 **schmutzig** [슈무치히] 더러운

1102 **sauber** [자우버] 깨끗한

1103 **wegwerfen** [벡베어픈] 내버리다

1104 **verbrennen** [페어브레는] 태우다

1105 **befeuchten** [베포이히튼] 적시다

1106 **auswringen** [아우스브링은] 물기를 짜다

1107 **fegen** [페근] 쓸다

1108 **putzen** [풋촌] 닦다, 청소하다

1109 **die Wiederverwertung** [비더페어베어퉁]
das Recycling [리사이클링] 재활용

1110 **die Essensreste** [에쎈스레스테] pl. 음식물 쓰레기

1111 **der Müllabfuhrtag** [뮐앞푸어탁] 쓰레기 수거일

1112 **die Putzfrau** [풋츠푸라우] 여자 청소부

1113 **der Straßenfeger** [슈트라쎈페-거]
남자 거리청소부, 환경미화원

1114 **die Sauberkeit** [자우버카이트] 청결

1115 **sauber machen** [자우버 막흔] 청소하다, 깨끗이 하다

1116 **die Ordnung** [오어드눙] 질서, 정리된 상태

1117 **das Zimmer in Ordnung bringen**
[다스 침머 인 오어드눙 브링은] 방을 정리하다

1118 **das Fenster weit öffnen** [다스 펜스터 바이트 외프넨]
창문을 활짝 열다

1119 **wischen** [비셴] 닦다, 문지르다

1120 **der Stiel** [슈틸-] 손잡이, 자루

1121 **der Bohnerbesen** [보너베젠] 마루 닦는 솔

Szene 02 청소 • 195

1122 **zerbrochenes Glas** [체어브로흐네스 글라스] 깨진 유리

1123 **aufheben** [아우프헤븐] 줍다, 집어 들다

1124 **der Staubwischer** [슈타웊비셔] 먼지털이

1125 **die Sparsamkeit** [슈파잠카이트] 절약

1126 **die Verschwendung** [페어슈벤둥] 낭비

1127 **stinken** [슈팅큰] 악취를 풍기다

1128 **die Mülltrennung** [뮐트레눙] 쓰레기 분리

1129 **die Mülltonne** [뮐토네] 대형 쓰레기통

1130 **der Müllcontainer** [뮐콘테이너] 쓰레기 수거 컨테이너

1131 die Umwelt [움벨트] 환경

1132 der Umweltschutz [움벨트슈츠] 환경보호

1133 umweltfeindlich [움벨트파인틀리히] 환경을 해치는

1134 umweltfreundlich [움벨트프로인틀리히] 환경친화적인

1135 die Luftverschmutzung [루프트페어슈뭇충] 대기오염

1136 die Mehrwegflasche, _n [메어벡플라셰] 재활용 병

1137 umziehen [움치엔] 이사하다

1138 einziehen [아인치엔] 이사를 들어가다

1139 ausziehen [아우스치엔] 이사를 나가다

Szene 03 Wäsche waschen 세탁하기

- heißes Wasser 뜨거운 물
- laues Wasser 미지근한 물
- warmes Wasser 따뜻한 물
- kaltes Wasser 차가운 물
- die Waschmaschine 세탁기
- das Waschmittel 세제
- der Weichspüler 유연제
- die Wäsche 세탁물
- das Waschpulver 가루세제
- der Fleck(en) 얼룩
- das Bleichmittel 표백제
- die Gummihandschuhe pl. 고무장갑
- der Wäschekorb 빨래 바구니
- der Schlauch 호스

빨래

- Wäsche (auf)hängen 빨래를 널다
- die Wäscheleine 빨랫줄
- trocknen 말리다
- trocken 마른, 건조한

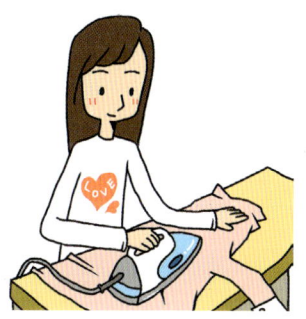

- die Reinigung 세탁, 세탁소
- die chemische Reinigung 드라이클리닝
- das Bügeleisen 다리미
- bügeln 다림질하다

- abgerissen 해진, 낡은
- die Näharbeit 바느질
- die Nadel 바늘
- der Faden 실
- nähen 꿰매다

1140 **Wäsche waschen** [베셰 바셴] 세탁하다

1141 **die Waschmaschine** [바쉬마쉬네] 세탁기

1142 **die Wäsche** [베셰] 세탁물

1143 **der Fleck(en)** [플렉] 얼룩

1144 **die Gummihandschuhe** [구미한트슈에] pl. 고무장갑

1145 **der Schlauch** [슐라욱흐] 호스

1146 **der Wäschekorb** [베셰코어프] 빨래 바구니

1147 **heißes Wasser** [하이쎄스 바써] 뜨거운 물

1148 **warmes Wasser** [바르메스 바써] 따뜻한 물

1149 **laues Wasser** [라우에스 바써] 미지근한 물

1150 **kaltes Wasser** [칼테스 바써] 차가운 물

1151 **das Waschmittel** [바쉬밋틀] 세제

1152 **der Weichspüler** [바이히슈퓔러] 유연제

1153 **das Waschpulver** [바쉬풀버] 가루세제

1154 **das Bleichmittel** [블라이히밋틀] 표백제

1155 **Wäsche aufhängen** [배셰 아우프행은] 빨래를 널다

1156 **die Wäscheleine** [배셰라이네] 빨랫줄

1157 **trocknen** [트록크는] 말리다

1158 **trocken** [트로큰] 마른, 건조한

1159 **die Reinigung** [라이니궁] 세탁, 세탁소

1160 **die chemische Reinigung** [헤미셰 라이니궁] 드라이클리닝

1161 **das Bügeleisen** [뷰겔아이젠] 다리미

1162 **bügeln** [뷰겔른] 다림질하다

1163 **abgerissen** [앞게리쓴] 해진, 낡은

1164 **die Näharbeit** [내-아르바이트] 바느질

1165 **die Nadel** [나-들] 바늘

1166 **der Faden** [파-든] 실

1167 **nähen** [내-은] 꿰매다

1168 **flicken** [플릭큰] 꿰매다, 깁다

1169 **die Nähmaschine** [내-마쉬네] 재봉틀

1170 **die Handwäsche** [한트배셰] 손빨래

1171 **der Waschsalon** [바쉬살롱] 빨래방

1172 **die Münzwaschmaschine** [뮌츠바쉬마쉬네] 코인 세탁기

1173 **die Wäscherei** [배셔라이] 세탁업, 세탁소

1174 **säubern** [조이버른] / **sauber machen** [자우버 막흔]
깨끗이 하다, 세탁하다

1175 **sauber werden** [자우버 베르든] 깨끗해지다

| 1176 | **reinigen** [라이니근] 청결하게 하다 |

| 1177 | **schrumpfen** [슈룸펜] 줄어들다, 수축하다 |

| 1178 | **(zusammen)falten** [(추잠믄)팔튼] 접다, (빨래를) 개다 |

| 1179 | **zusammenlegen** [추잠믄레-근] 한데 모으다, (빨래를) 개다 |

| 1180 | **reinigen lassen** [라이니근 라쓴] 드라이클리닝을 맡기다 |

| 1181 | **das Dampfbügeleisen** [담프뷔겔아이젠] 스팀다리미 |

| 1182 | **das Bügelbrett** [뷔겔브레트] 다리미판 |

| 1183 | **der Wasserzerstäuber** [바써체어슈토이버] 분무기 |

| 1184 | **die Falte, _n** [팔테] 주름 |

1185 **Falten ausbügeln** [팔튼 아우스뷔겔른] 다림질로 주름을 펴다

1186 **sortieren** [조르티-른] 분류하다

1187 **der Stoff, _e** [슈토프] 천, 옷감

1188 **die Faser, _n** [파-저] 섬유

1189 **die Seide** [자이데] 실크

1190 **die Wolle** [볼레] 모직

1191 **die Baumwolle** [바움볼레] 면

1192 **(einen Fleck) entfernen** [(아이는 플렉) 엔트페어는] (얼룩을) 지우다

1193 **der Wäschetrockner** [배셰트록크너] / **der Wäscheständer** [배셰슈탠더] 세탁물 건조기, 세탁물 건조대

Szene 04 das Einkaufen
장보기

- die Kasse 계산대
- die Kreditkarte 신용카드
- der Geldschein 지폐
- die Münze / das Geldstück 동전
- das Bargeld 현금
- zahlen 지불하다
- der Kassierer 남자 계산원
- die Kassiererin 여자 계산원
- die Ratenzahlung 할부
- der Coupon / der Kupon 쿠폰

- die Tüte 봉투
- die Papiertüte 종이봉투
- der Plastikbeutel 비닐봉투
- der Einkaufskorb 장바구니
- der Einkaufswagen 쇼핑 카트
- die Ware 상품

쇼핑

- das Kleingeld 잔돈
- die Lieferung 배달
- die kostenlose Lieferung / die freie Lieferung 무료 배송

- die Rückzahlung 환불
- die Rücksendung 반송
- die Rücksendung der Ware 반품

- der Umtausch 교환
- die Quittung 영수증
- der Rabatt 할인
- der Ausverkauf 염가 대매출

생활단어

1194 **das Einkaufen** [아인카우픈] 장보기

1195 **die Kasse** [카쎄] 계산대

1196 **der Kassierer** [카시-러] 남자 계산원

1197 **die Kassiererin** [카시러린] 여자 계산원

1198 **die Kreditkarte** [크레딧카어테] 신용카드

1199 **der Geldschein** [겔트샤인] 지폐

1200 **die Münze** [뮌체] / **das Geldstück** [겔트슈튁] 동전

1201 **das Bargeld** [바겔트] 현금

1202 **zahlen** [찰-른] 지불하다

1203 **die Tüte** [튀-테] 봉투

1204 **die Papiertüte** [파피어튀테] 종이봉투

1205 **der Plastikbeutel** [플라스틱보이틀] 비닐봉투

1206 **die Ratenzahlung** [라튼찰룽] 할부

1207 **der Coupon / der Kupon** [쿠퐁] 쿠폰

1208 **der Einkaufskorb** [아인카웊스코어프] 장바구니

1209 **der Einkaufswagen** [아인카웊스바근] 쇼핑 카트

1210 **die Ware** [바-레] 상품

1211 **das Kleingeld** [클라인겔트] 잔돈

Szene 04 장보기 • 209

1212 **die Lieferung** [리퍼룽] 배달

1213 **die kostenlose Lieferung** [코스트로제 리퍼룽]
die freie Lieferung [프라이에 리퍼룽] 무료 배송

1214 **die Rückzahlung** [뤽찰-룽] 환불

1215 **die Rücksendung** [뤽젠둥] 반송

1216 **die Rücksendung der Ware** [뤽젠둥 데어 바레] 반품

1217 **der Umtausch** [움타우쉬] 교환

1218 **die Quittung** [크비퉁] 영수증

1219 **der Rabatt** [라바트] 할인

1220 **der Ausverkauf** [아우스페어카우프] 염가 대매출

1221 **das Geld** [겔트] 돈

1222 **das Rückgeld** [뤽겔트] 거스름돈

1223 **der Zehn-Euro-Schein** [첸 오이로 샤인] 10유로짜리 지폐

1224 **die Lebensmittel** [레븐스밋틀] pl. 식품

1225 **frisch** [프리쉬] 신선한

1226 **der Ladentisch** [라덴티쉬] 카운터, 상점 판매대

1227 **der Verkaufstisch** [페어카웊스티쉬] /
der Verkaufsstand [페어카웊스슈탄트] 판매대

1228 **das Etikett** [에티켙] 상표, 가격표

1229 **der Verbraucher** [페어브라욱허] 소비자

1230 **die Milchprodukte** [밀히프로둑테] pl. 유제품

1231 **die Konserve, _n** [콘제르베] 통조림

1232 **die Lagerung** [라거룽] 저장

1233 **mindestens haltbar bis ~** [민데스텐스 할트바 비스 ~]
최소한 ~까지 유지 가능한

1234 **das Mindesthaltbarkeitsdatum**
[민데스트할트바카이츠다툼] 유통기한 날짜

1235 **ablaufen** [앞라우픈] 경과하다, 만료되다

1236 **aufbewahren** [아우프베바-른] 보관하다

1237 **ausverkauft** [아우스페어카웊트] 다 팔린, 품절된

1238 **ausverkaufter Artikel** [아우스페어카웊터 아티클] 품절 상품

1239 **der Markt** [마(르)크트] 시장

1240 **der Markttag** [마(르)크트탁-] 장날

1241 **abnehmen** [앞네-믄] 줄다, 감소하다

1242 **zunehmen** [주네-믄] 늘다, 증가하다

1243 **der Absatz** [앞자츠] 판매고

1244 **der Absatzmarkt** [앞자츠마크트] 판매 시장

1245 **der Import** [임포르트] / **die Einfuhr** [아인푸어] 수입

1246 **der Export** [엑스포르트] / **die Ausfuhr** [아우스푸어] 수출

1247 **24-Stunden-Betrieb** [피어운(트)츠반치히 슈툰덴 베트맆-] 24시간 영업, 24시간 가동

Szene 05 das Kochen
요리

- die Küche 부엌
- die Mikrowelle 전자레인지
- die Geschirrspülmaschine 식기세척기
- der Kühlschrank 냉장고
- das Gefrierfach 냉동실
- der Topf 냄비
- die Pfanne 프라이팬
- der Gasherd 가스레인지
- der Reiskocher 밥솥 
- das Spülbecken 싱크대
- der Backofen 오븐
- das Geschirrtuch / der Spüllappen 행주
- der Elektroherd 전기 오븐
- das Messer 칼
- das Schneidebrett 도마

요리 기구

- das Feuer 불
- der Drucktopf 압력솥
- die Schüssel 사발, 대접
- der Deckel 뚜껑

- der Wasserkessel 주전자
- der kabellose Wasserkocher 무선 주전자
- der Messbecher 계량컵

- die Küchenrolle 키친타월
- die Reiskelle 주걱
- die Schöpfkelle / der Suppenschöpfer 국자

요리 용어

- schälen 껍질을 벗기다, 깎다
- klein schneiden 잘게 썰다
- mischen 섞다

- garen 익히다
- dämpfen / schmoren 찌다
- in kochendem Wasser blanchieren
  끓는 물에 살짝 데치다
- kochen 삶다, 끓이다, 요리하다

- rösten 굽다
- braten 튀기다, 굽다
- bräunen 볶다
- rühren 젓다

소스 및 양념

- die Soße 소스
- die Majonäse / die Majonnaise 마요네즈
- der (das) Ketchup 케첩
- der Senf 겨자

- der Pfeffer 후추
- das Salz 소금
- die Sojasoße 간장
- der Zucker 설탕

- der Essig 식초
- das Öl 식용유
- das Olivenöl 올리브유
- das Sesamöl 참기름

1248 **das Kochen** [콕흔] 요리

1249 **die Küche** [퀴헤] 부엌

1250 **der Kühlschrank** [퀼-슈랑크] 냉장고

1251 **das Gefrierfach** [게프리어팍흐] 냉동실

1252 **das Spülbecken** [슈퓔벡큰] 싱크대

1253 **die Mikrowelle** [미크로벨레] 전자레인지

1254 **die Geschirrspülmaschine** [게쉬르슈퓔마쉬네] 식기세척기

1255 **der Backofen** [박오픈] 오븐

1256 **der Elektroherd** [엘렉트로헤르트] 전기 오븐

1257 **der Topf** [토프] 냄비

1258 **die Pfanne** [판네] 프라이팬

1259 **der Gasherd** [가스헤르트] 가스레인지

1260 **der Reiskocher** [라이스콕허] 밥솥

1261 **das Messer** [메써] 칼

1262 **das Schneidebrett** [슈나이데브렡] 도마

1263 **das Geschirrtuch** [게쉬르툭흐] /
der Spüllappen [슈퓔랖픈] 행주

1264 **das Feuer** [포이어] 불

1265 **der Drucktopf** [드룩토프] 압력솥

생활단어

1266 **die Schüssel** [쉬쓸] 사발, 대접

1267 **der Deckel** [덱클] 뚜껑

1268 **der Wasserkessel** [바써케쓸] 주전자

1269 **der kabellose Wasserkocher** [카벨로제 바써콕허]
무선 주전자

1270 **der Messbecher** [메스베혀] 계량컵

1271 **die Küchenrolle** [퀴헨롤레] 키친타월

1272 **die Reiskelle** [라이스켈레] 주걱

1273 **die Schöpfkelle** [셮프켈레] /
der Suppenschöpfer [주펜셔퍼] 국자

1274 **schälen** [셀른] 껍질을 벗기다, 깎다

1275 **klein schneiden** [클라인 슈나이든] 잘게 썰다

1276 **mischen** [미셴] 섞다

1277 **garen** [가-른] 익히다

1278 **dämpfen** [댐프] / **schmoren** [슈모른] 찌다

1279 **in kochendem Wasser blanchieren**
[인 콕흔뎀 바써 블랑쉬-른] 끓는 물에 살짝 데치다

1280 **kochen** [콕흔] 삶다, 끓이다, 요리하다

1281 **rösten** [뢰스튼] 굽다

1282 **braten** [브라튼] 튀기다, 굽다

1283 **bräunen** [브로이는] 볶다

1284 **rühren** [뤼-른] 젓다

1285 **die Soße** [조쎄] 소스

1286 **die Majonäse / die Majonnaise** [마요내제] 마요네즈

1287 **der (das) Ketchup** [케찹] 케첩

1288 **der Senf** [젠프] 겨자

1289 **der Pfeffer** [페퍼] 후추

1290 **das Salz** [잘츠] 소금

1291 **die Sojasoße** [조야조쎄] 간장

1292 **der Zucker** [축커] 설탕

1293 **der Essig** [엣시히] 식초

1294 **das Öl** [욀-] 식용유

1295 **das Olivenöl** [올리븐욀-] 올리브유

1296 **das Sesamöl** [제잠욀-] 참기름

1297 **der Sesam** [제잠] 참깨

1298 **der Knoblauch** [크높라우흐] 마늘

1299 **das Eiweiß** [아이바이쓰] 계란 흰자

1300 **der Dotter** [돗터] 계란 노른자

1301 **das Weizenmehl** [바이첸멜-] 밀가루

1302 **kneten** [크네-튼] 반죽하다

1303 **roh** [로-] 날 것인, 익히지 않은

1304 **gar** [가-(르)] 삶아진, 구워진

1305 **Reis kochen** [라이스 콕흔] 밥을 짓다

1306 **wärmen** [배어믄] 따뜻하게 하다

1307 **kalt werden** [칼트 베어든] 차갑게 되다

1308 **kühlen** [퀼-른] 식히다, 차게 하다

1309 **verderben** [페어데르븐] 상하다, 부패하다

1310 **die Schürze, _n** [쉬어체] 앞치마

1311	der Topfuntersetzer [토프운터젯처] 냄비 받침
1312	der Messerschärfer [메써섀르퍼] 칼 가는 도구
1313	der Korkenzieher [코르큰치-어] 코르크 마개 따개
1314	der Dosenöffner [도-즌외프너] 깡통 따개
1315	der Zerkleinerer [체어클라이너러] 분쇄기
1316	das Porzellan [포르첼란] 도자기
1317	das Kochbuch [콕흐북흐] 요리책
1318	das Kochrezept [콕흐레첵트] 요리법

Teil V

외출 1

Szene 01 약속

Szene 02 영화관

Szene 03 공원

Szene 04 방문

Szene 05 드라이브

Szene 01 die Verabredung
약속

- das Date
  약속, 데이트
- um ein Date bitten
  데이트를 신청하다
- die Standuhr (서 있는) 대형시계
- die Zeit 시간
- pünktlich 시간을 엄수하는
- warten 기다리다
- der Ort 장소
- winken 손짓하다
- sich treffen 서로 만나다
- das Liebespaar
  한 쌍의 연인
- schick
  멋진, 세련된
- glücklich
  행복한, 즐거운
- lächeln
  미소를 짓다
- eine gute Zeit verbringen
  좋은 시간을 보내다

데이트

- die Vorstellung 소개, 인사시킴
- der erste Eindruck 첫인상
- Liebe auf den ersten Blick 첫눈에 반함
- kennenlernen 알게 되다

- (mit jm.) Freundschaft schließen (~와) 친교를 맺다
- eng befreundet (mit jm.) (~와) 친한 친구 사이인
- sich amüsieren 즐겁게 지내다, 즐거워하다

- sich trennen 헤어지다
- sich verabschieden 작별하다
- der Abschied 작별

1319 **die Verabredung** [페어앞레둥] 약속

⋯ eine Verabredung einhalten
[아이네 페어앞레둥 아인할튼]
(만남) 약속을 지키다

1320 **das Date** [데이트] 약속, 데이트

1321 **um ein Date bitten** [움 아인 데이트 빗튼] 데이트를 신청하다

1322 **der Ort** [오어트] 장소

1323 **das Liebespaar** [리베스파-] 한 쌍의 연인

1324 **glücklich** [글뤼클리히] 행복한, 즐거운

1325 **lächeln** [래헬른] 미소를 짓다

1326 **die Standuhr** [슈탄트우어] (서 있는) 대형시계

1327 **die Zeit** [차이트] 시간

1328 **pünktlich** [퓡크틀리히] 시간을 엄수하는

1329 **warten** [바르튼] 기다리다
⋯▶ Alex wartet auf seine Freundin.
[알렉스 바르텔 아우프 자이네 프로인딘.]
알렉스가 여자 친구를 기다리고 있다.

1330 **winken** [빙큰] 손짓하다

1331 **sich treffen** [지히 트레픈] 서로 만나다
⋯▶ Treffen wir uns um 6 Uhr.
[트레픈 비어 운스 움 젝스 우어.]
여섯 시에 만나자.

1332 **eine gute Zeit verbringen**
[아이네 구테 차이트 페어브링은] 좋은 시간을 보내다

1333 **schick** [쉭] 멋진, 세련된

1334 **die Vorstellung** [포어슈텔룽] 소개, 인사시킴

1335 **der erste Eindruck** [데어 에어스테 아인드룩] 첫인상

1336 **Liebe auf den ersten Blick**
[리-베 아우프 덴 에어스튼 블릭] 첫눈에 반함

1337 **kennenlernen** [케는레어는] 알게 되다

1338 **(mit jm.) Freundschaft schließen**
[프로인트샤프트 슐리쓴] (~와) 친교를 맺다

1339 **eng befreundet (mit jm.)** [앵 베프로인데트]
(~와) 친한 친구 사이인

1340 **sich amüsieren** [지히 아뮈지-른] 즐겁게 지내다, 즐거워하다

1341 **sich trennen** [지히 트레는] 헤어지다

1342 **sich verabschieden** [지히 페어앞쉬든] 작별하다

1343 **der Abschied** [앞쉬트] 작별

1344 **die Frau** [프라우] 여자

1345 **der Mann** [만] 남자

1346 **jung** [융] 젊은

1347 **alt** [알트] 늙은, 낡은

1348 **neu** [노이] 새로운

1349 **das Mädchen** [맽헨] 소녀, 젊은 여자

1350 **der Junge, _n** [융에] 소년, 젊은이

1351 **eine junge Frau** [아이네 융에 프라우] 젊은 여자

1352 **ein junger Mann** [아인 융어 만] 젊은 남자

1353 **der Verlobte** [페어롭테] / **ein Verlobter** [페어롭터]
약혼한 남자

1354 **die Verlobte** [페어롭테] 약혼한 여자

1355 **die Verlobung** [페어로붕] 약혼

1356 **die Heirat** [하이랕] 결혼

1357 **heiraten** [하이라튼] 결혼하다

1358 **die Hochzeit** [혹흐차이트] 결혼식

1359 **die Hochzeitsreise** [혹흐차이트라이제[] 신혼여행

1360 **das Ehepaar** [에-파] 부부

234

1361 **zusammen** [추자믄] 함께

1362 **echt** [에히트] / **wirklich** [비어클리히] 정말로

1363 **die Liebe** [리-베] 사랑

1364 **lieben** [리-벤] 사랑하다

⋯▸ Ich liebe dich. Liebst du mich auch?
[이히 리-베 디히. 립스트 두 미히 아욱흐?]
(나는 당신을) 사랑해요. 당신도 나를 사랑하나요?

1365 **das Liebesgefühl** [리베스게퓔-] 연애 감정

1366 **die erste Liebe** [에어스테 리베] 첫사랑

1367 **einseitige Liebe** [아인자이티게 리베] /
unerwiderte Liebe [운에어비더르테 리베] 짝사랑

1368 **sich auf den ersten Blick (in jn.) verlieben**
[지히 아우프 덴 에어스텐 블릭 페어리-븐] 첫눈에 (~를) 사랑하게 되다

1369 **vermissen** [페어미쓴] 그리워하다

1370 **Treue halten** [트로이에 할튼] 신의를 지키다

1371 **das Versprechen** [페어슈프레헨] (~ 하겠다는) 약속

- ein Versprechen (ein)halten
  [아인 페어슈프레헨 (아인)할튼]
  (~ 하겠다는) 약속을 지키다
- ein Versprechen brechen
  [아인 페어슈프레헨 브레헨]
  약속을 깨다

1372 **sich (mit jm.) verabreden** [지히 페어앞레-든]
(~와) 만날 약속을 하다

1373 **Hand halten** [한트 할튼] 손을 잡다

1374 **(jm.) die Hand geben** [한트 게-븐] (~에게) 악수를 청하다

1375 **umarmen** [움아르믄] 포옹하다

1376 **küssen** [퀴쓴] 키스하다

1377 **der Kuss** [쿠쓰] 키스

1378 **ähneln** [애넬른] 닮다

1379 **das Handzeichen** [한트차이헨] 수신호, 손짓

1380 **zuzwinkern** (+ 3격) [추츠빙커른] ~에게 윙크하다

1381 **sich schämen** [지히 섀믄] 부끄러워하다

1382 **schüchtern** [쉬히터른] 수줍은, 부끄럼을 타는

1383 **treu** [트로이] 성실한

1384 **bescheiden** [베샤이든] 수수한

1385 **prächtig** [프래히티히] 화려한

1386 **niedlich** [니-틀리히] / **lieblich** [리플리히] 귀여운, 사랑스런

1387 **die Schöne** [셰네] 미인

1388 **gut aussehend** [굳 아우스젠트] 잘생긴

1389 **attraktiv** [아트락티프] 매력적인

1390 **sympathisch** [쥠파티쉬] 호감이 가는

1391 **die Lüge** [뤼게] 거짓말

1392 **untreu** [운트로이] 부정한

1393 **betrügen** [베트뤼-근] 속이다, 기만하다

1394 **schwanken** [슈방큰] 흔들리다, 동요하다

1395 **verlassen** (+ 4격) [페어라쓴] (~를) 떠나다

1396 **sich scheiden lassen** [지히 샤이든 라쓴] 이혼하다

1397 **die (Ehe)Scheidung** [(에-)샤이둥] 이혼

1398 **die Wiederheirat** [비더하이라트] 재혼

1399 **der Familienstand** [파밀리엔슈탄트] 결혼 여부 상태

1400 **ledig** [레디히] 미혼인

1401 **verheiratet** [페어하이라테트] 기혼인

1402 **geschieden** [게쉬-든] 이혼한

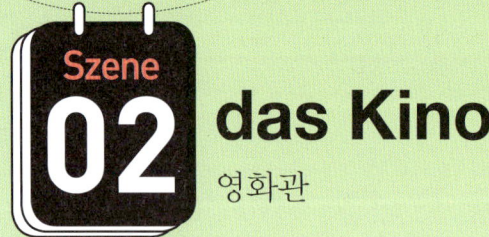

Szene 02 das Kino
영화관

- der Film 영화
- die Leinwand 스크린
- die Vorschau 예고편
- interessant 재미있는
- komisch 웃기는, 이상한
- die Filmvorführung 영화 상영
- einen Film vorführen 영화를 상영하다
- laufen 상영 중이다
- der Notausgang 비상구
- das Popcorn 팝콘

- die Kinokarte 영화표
- die Eintrittskarte 입장권
- der Platz / der Sitzplatz 좌석
- der reservierte Platz 예약석
- die Reihe 열

영화관

- [ ] kaufen 사다
- [ ] verkaufen 팔다
- [ ] das Kinoprogramm 영화 프로그램

- [ ] der Schauspieler 남자 배우
- [ ] die Schauspielerin 여자 배우
- [ ] traurig 슬픈
- [ ] langweilig 지루한
- [ ] uninteressant 재미없는

- [ ] der Dokumentarfilm 다큐멘터리
- [ ] die Reklame / die Werbung
  선전, 광고
- [ ] die Premiere / die Erstaufführung
  (영화) 개봉, (연극) 초연

1403 **das Kino** [키노] 영화관, 극장

1404 **der Film** [필름] 영화

1405 **die Leinwand** [라인반트] 스크린

1406 **die Vorschau** [포어샤우] 예고편

1407 **die Filmvorführung** [필름포어퓌룽] 영화 상영

1408 **einen Film vorführen** [아이는 필름 포어퓌른] 영화를 상영하다

1409 **laufen** [라우픈] 상영 중이다

1410 **interessant** [인터레산트] 재미있는

1411 **komisch** [코미쉬] 웃기는, 이상한

1412 **der Notausgang** [놋아우스강] 비상구

1413 **die Kinokarte** [키노카르테] 영화표

1414 **die Eintrittskarte** [아인트리츠카르테] 입장권

1415 **das Popcorn** [폽콘] 팝콘

1416 **der Sitzplatz** [지츠플라츠] / **der Platz** [플라츠] 좌석

⋯▸ Alle Plätze sind besetzt.
[알레 플래체 진트 베제츠트]
좌석이 모두 차 있다.

1417 **der reservierte Platz** [레저비어르테 플라츠] 예약석

1418 **die Reihe** [라이에] 열

1419 **kaufen** [카우픈] 사다

1420 **verkaufen** [페어카우픈] 팔다

1421 **das Kinoprogramm** [키노프로그람] 영화 프로그램

1422 **der Schauspieler** [샤우슈필러] 남자 배우

1423 **die Schauspielerin** [샤우슈필러린] 여자 배우

1424 **traurig** [트라우리히] 슬픈

1425 **langweilig** [랑바일리히] 지루한

1426 **uninteressant** [운인터레산트] 재미없는

1427 **der Dokumentarfilm** [도쿠멘타필름] 다큐멘터리

1428 **die Reklame** [레클라메] / **die Werbung** [베어붕] 선전, 광고

1429 **die Premiere** [프르미에레] / **die Erstaufführung** [에어스트아우프퓌룽] (영화) 개봉, (연극) 초연

1430 **die Buchung** [부훙] 예약

1431 **ausgehen** [아우스겐-] 외출하다

1432 **lachen** [라흔] 웃다

1433 **weinen** [바이는] 울다

1434 **die Träne** [트레-네] 눈물

1435 **die Lache** [라헤] 짤막한 웃음(소리)

1436 **das Gelächter** [겔레히터] 큰 웃음, 폭소

1437 **einsam** [아인잠] 외로운

1438 **die Einsamkeit** [아인잠카이트] 외로움

1439 **fröhlich** [프륄리히] 기쁜, 즐거운

1440 **laut** [라우트] 시끄러운

1441 **zusammenkommen** [추잠믄콤믄] / **sich sammeln** [지히 잠멜른] 모이다

1442 **die Leute** [로이테] pl. 사람들

1443 **allmählich** [알맬-리히] 점차적으로

1444 **ziemlich** [침리히] 상당히

1445 **gar nicht** [가(르) 니히트] 전혀 ~않다

1446 **das Theater** [테아터] 연극

1447 **das Konzert** [콘체르트] 음악회

1448 **die Ausstellung** [아우스슈텔룽] 전시회

1449 **das Orchester** [오케스터] 오케스트라

1450 **das Musical** [뮤지컬] 뮤지컬

1451 **die Zugabe** [추가베] 앙코르

1452 **die Aufführung** [아우프퓌룽] 공연

1453 **plaudern** [플라우더른] 수다를 떨다

1454 **sich bewegen** [지히 베베근] 움직이다

1455 **stören** [슈퇴른] 방해하다

Szene 02 영화관 • 247

생활단어

1456 **sich ärgern** [지히 애르거른] 화나다

1457 **der Regisseur** [레지쐬어] 감독

1458 **der Hauptdarsteller** [하웊트다슈텔러] 남자 주연

1459 **die Hauptdarstellerin** [하웊트다슈텔러린] 여자 주연

1460 **die Rolle** [롤레] 역할

1461 **die Hauptrolle** [하웊트롤레] 주역

1462 **die Hauptrolle spielen** [아웊트롤레 슈필-른]
주역을 연기하다

1463 **der Star** [스타] 스타, 인기 배우

1464 **der Protagonist** [프로타고니스트] (연극의) 주역, 주연 배우

1465 **der Antagonist** [안타고니스트] 적수, 적대자

1466 **die Kamera** [카메라] 카메라

1467 **der Nachspann** [낙흐슈판] 엔딩크레디트

1468 **der Untertitel** [운터티틀] 부제, 설명 자막

1469 **das Szenario** [스체나-리오] 시나리오

1470 **die Komödie** [코뫼디에] 희극, 코믹 영화

1471 **die Tragödie** [트라괴디에] 비극

1472 **die Filmaufnahme** [필름아우프나-메] 영화 촬영

1473 **das Filmfestival** [필름페스티발] 영화제

Szene 03 der Park
공원

- [ ] das Riesenrad 회전관람차
- [ ] der Vergnügungspark
  놀이공원
- [ ] die Achterbahn 롤러코스터
- [ ] die Maskenparade
  가면 퍼레이드
- [ ] die Parade
  퍼레이드
- [ ] der Brunnen
  분수
- [ ] das Karussell
  회전목마
- [ ] spielen
  놀다
- [ ] die Schlange
  줄
- [ ] Schlange steh
  줄을 서다
- [ ] strömen
  물밀듯 밀려들다
- [ ] das Foto
  사진
- [ ] die Digitalkamera
  디지털카메라
- [ ] ein verirrtes Kind 길 잃은 아이
- [ ] der Eintrittspreis 입장료

공원

- die Schaukel 그네
- die Rutsche 미끄럼틀
- die Wippe 시소
- der Sand 모래, 모래밭

- der Stress 스트레스
- Stress abbauen 스트레스를 해소하다
- das Feuerwerk 불꽃(놀이)
- das Jogging 조깅

- die Bank 벤치
- der Teich 연못
- der See 호수
- das Boot 보트

1474 **der Park** [파크] 공원

1475 **der Vergnügungspark** [페어그뉘궁스파크] 놀이공원

1476 **die Maskenparade** [마스켄파라데] 가면퍼레이드

1477 **die Parade** [파라-데] 퍼레이드

1478 **der Brunnen** [브룬넨] 분수

1479 **spielen** [슈필른] 놀다

1480 **das Riesenrad** [리젠라트] 회전관람차

1481 **die Achterbahn** [악흐터반-] 롤러코스터

1482 **das Karussell** [카루쎌] 회전목마

1483　**das Foto** [포토] 사진

1484　**die Digitalkamera** [디기탈카메라] 디지털카메라

1485　**die Schlange** [슐랑에] 줄

1486　**Schlange stehen** [슐랑에 슈텐-] 줄을 서다

1487　**strömen** [슈트뢰-믄] 물밀듯이 밀려들다

1488　**der Eintrittspreis** [아인트릴츠프라이스] 입장료

1489　**ein verirrtes Kind** [아인 페어이르테스 킨트] 길 잃은 아이

1490　**die Schaukel** [샤우켈] 그네

1491　**die Rutsche** [롯췌] 미끄럼틀

생활단어

1492 **die Wippe** [비페] 시소

1493 **der Sand** [잔트] 모래, 모래밭

1494 **der Stress** [슈트레스] 스트레스

1495 **Stress abbauen** [슈트레스 앞바우엔] 스트레스를 해소하다

1496 **das Feuerwerk** [포이어베르크] 불꽃(놀이)

1497 **das Jogging** [조깅] 조깅

1498 **die Bank** [방크] 벤치

1499 **der Teich** [타이히] 연못

1500 **der See** [제-] 호수

1501 **das Boot** [보트] 보트

1502 **eine Maske tragen** [아이네 마스케 트라-근] 가면을 쓰고 있다

1503 **eine Maske ablegen** [아이네 마스케 앞레-근] 가면을 벗다

1504 **die Seilbahn** [자일반-] 케이블카

1505 **der Zoo** [초-] 동물원

1506 **botanischer Garten** [보타니셔 가르텐] 식물원

1507 **(sich) fürchten** [(지히) 퓌어히튼] 무서워하다

1508 **berühmt** [베륌트] 유명한

1509 **fotografieren** [포토그라피-른] (사진을) 찍다

1510	**die Möglichkeit, _en** [묑클리히카이트] 가능성, 기회
1511	**es gibt** (+4격) [에스 깊트] ~이 있다, 존재하다
1512	**sicher** [지혀] 안전한
1513	**gefährlich** [게페얼리히] 위험한
1514	**mitbringen** [밑브링은] 데려가다
1515	**der Ausflug** [아우스플룩] 소풍
1516	**der Ausflugsort** [아우스플룩스오르트] 유원지
1517	**das Picknick** [피크닉] 야유회, 소풍
1518	**der Picknickkorb** [피크닉코어프] 피크닉 바구니

1519 **der Mittagsschlaf** [밋탁스슐라프] 낮잠

1520 **das Sonnenbad** [존느바-트] 일광욕

1521 **die Sonnenschutzcreme** [존느슈츠크레메] 선크림

1522 **die Sonnenbrille** [존느브릴레] 선글라스

1523 **der Erwachsene** [데어 에어박스네] /
ein Erwachsener [아인 에어박스너] 남자 어른

1524 **die Erwachsene** [디 에어박스네] 여자 어른

1525 **die Erwachsenen** [디 에어박스넨] pl. 성인들

1526 **das Kind, _er** [킨트] 어린이

1527 **das Alter** [알터] 나이

1528 **die Altersgrenze** [알터스그렌체] 연령 제한, 정년

1529 **achten** [악흐튼] 주의하다

1530 **der Vorort** [포어오르트] 교외

1531 **viel** [필-] 많은 ★셀 수 없는 명사의 단수
⋯▸ Jetzt habe ich nicht viel Zeit.
[예츠트 하베 이히 니히트 필 차이트.]
나는 지금 시간이 많지 않다.

1532 **wenig** [베니히] 적은 ★셀 수 없는 명사의 단수

1533 **viele** [필레] 많은 ★셀 수 있는 명사의 복수

1534 **wenige** [베니게] 적은, 얼마 되지 않는 ★셀 수 있는 명사의 복수

1535 **von Menschen wimmeln** [폰 멘셴 빔멜른]
사람들로 북적거리다

1536 **ab** [압] ~부터 ★전치사

1537 **Senioren ab 65 Jahren**
[제니오렌 압 퓐프운트제히치히 야렌] 65세 이상의 노인들

1538 **unter** [운터] / **weniger als** [베니거 알스] ~ 이하

1539 **über** [위버] / **mehr als** [메어 알스] ~ 이상

1540 **Kinder unter 12 Jahren** [킨더 운터 츠뵐프 야렌]
12세 이하의 어린이

1541 **verlieren** [페얼리-른] 잃어버리다

1542 **verschwinden (– verschwand – verschwunden)**
[페어슈빈든] 없어지다, 사라지다

1543 **verboten** [페어보-튼] 금지된

⋯▶ Das Betreten des Rasens ist verboten.
[다스 베트레-튼 데스 라젠스 이스트 페어보-튼.]
잔디에 들어가지 마시오.

Szene 04 der Besuch
방문

- die Geburtstagsparty
  생일 파티
- der Ballon 풍선
- der Kuchen 케이크
- die Torte 데코레이션 케이크
- das Eis / die Eiscreme
  아이스크림
- die Kerze 초
- die Karte
  카드
- der Freund
  남자 친구
- die Freundin
  여자 친구
- das Kissen 쿠션, 방석
- der Tee 차
- die Schokolade 초콜릿
- der Bonbon 사탕
- das Gebäck 구운 과자

생일 파티

- die Einladung 초대
- die Einladungskarte, _n 초대장
- die Party 파티
- der Geburtstag 생일
- das Geburtstagskind 생일을 맞은 사람

- der Gast, Gäste 손님
- der Gastgeber 손님을 초대한 주인
- empfangen 마중하다
- zur Tür begleiten 문까지 배웅하다

- der Geburtstagskuchen / die Geburtstagstorte 생일 케이크
- das Geschenk 선물
- das Band 리본
- schmücken 장식하다

1544 **der Besuch** [베쥬흐] 방문, 방문객

1545 **die Geburtstagsparty** [게부어츠탁스파티] 생일 파티

1546 **der Freund** [프로인트] 남자 친구

1547 **die Freundin** [프로인딘] 여자 친구

1548 **der Ballon** [발롱] 풍선

1549 **die Karte** [카르테] 카드

1550 **das Eis** [아이스] / **die Eiscreme** [아이스크렘] 아이스크림

1551 **der Tee** [테-] 차

1552 **der Bonbon** [봉봉] 사탕

1553 **die Schokolade** [쇼콜라데] 초콜릿

1554 **das Gebäck** [게벡] 구운 과자

1555 **der Kuchen** [쿠-흔] 케이크

1556 **die Torte** [토어테] 데코레이션 케이크

1557 **die Kerze** [케어체] 초

1558 **das Kissen** [킷센] 쿠션, 방석

1559 **die Einladung** [아인라둥] 초대

⋯▸ eine Einladung ablehnen
[아이네 아인라둥 앞레-는]
초대를 거절하다

⋯▸ eine Einladung annehmen
[아이네 아인라둥 안네-믄]
초대에 응하다

생활단어

1560 **die Einladungskarte, _n** [아인라둥스카르테] 초대장

1561 **die Party** [파티] 파티

1562 **der Geburtstag** [게부어츠탁] 생일

1563 **das Geburtstagskind** [게부어츠탁스킨트] 생일을 맞은 사람

1564 **der Gast, Gäste** [가스트] 손님

1565 **der Gastgeber** [가스트게버] 손님을 초대한 주인

1566 **empfangen** [엠팡은] 마중하다

1567 **zur Tür begleiten** [추어 튀어 베글라이튼] 문까지 배웅하다

1568 **der Geburtstagskuchen** [게부어츠탁스쿠흔] /
die Geburtstagstorte [게부어츠탁스토르테] 생일 케이크

1569 **das Geschenk** [게솅크] 선물

1570 **das Band** [반트] 리본

1571 **schmücken** [슈뮉큰] 장식하다

1572 **eine Party machen** [아이네 파티 막흔] 파티를 하다

1573 **eine Party veranstalten** [아이네 파티 페어안슈탈튼]
파티를 열다

1574 **auf eine Party gehen** [아우프 아이네 파티 겐-] 파티에 가다

1575 **besuchen** [베죽흔] 방문하다, 찾아가다

1576 **der Vorgänger** [포어갱어] 선배, 전임자

1577 **der Nachfolger** [낙흐폴거] 후배, 후임자, 후계자

1578 **die Blume, _n** [블루-메] 꽃

1579 **der Blumenstrauss** [블루-믄슈트라우쓰] 꽃다발

1580 **die Lokalprodukte** [로칼프로둑테] pl. 토산품

1581 **die Freundschaft** [프로인트샤프트] 우정

1582 **der Streit** [슈트라이트] 싸움

1583 **der Konflikt** [콘플릭트] 논쟁, 마찰

1584 **sich versöhnen** [지히 페어죄-는] 화해하다

1585 **die Versöhnung** [페어죄-눙] 화해

1586 **sich entschuldigen** [지히 엔슐디근] 사과하다

1587 **das Gespräch** [게슈프래히] 대화

1588 **wichtig** [비히티히] 중요한

1589 **nach seinem Willen** [낙흐 자이넴 빌렌] 자기 뜻대로

1590 **nach meinem Willen** [낙흐 마이넴 빌렌] 내 뜻대로

1591 **vielleicht** [필라이히트] 아마

1592 **gleich** [글라이히] 동일한, 똑같은

1593 **ablehnen** [앞레-는] 거절하다

1594 **die Gelegenheit, _en** [겔레겐하이트] /
die Chance, _n [샹세] 기회

1595 **kennen lernen** [켄는레어는] 알게 되다

1596 **nehmen** [네-믄] 받다

1597 **geben** [게-븐] 주다

1598 **danken (für ~)** [당큰] (~에) 감사하다
⋯▸ Ich danke dir für dein Geschenk.
[이히 당케 디어 퓌어 다인 게솅크.]
선물 고마워.

1599 **laut schreien** [라웉 슈라이엔] 시끄럽게 떠들다

1600 **belästigen** [밸래스티근] 괴롭히다, 방해하다

1601 **staunen** [슈타우넨] / **überrascht sein** [위버라슡 자인]
놀라다

1602 **gratulieren** [그라툴리-른] 축하하다
⋯▸ Ich gratuliere dir zum Geburtstag!
[이히 그라툴리-레 디어 춤 게부어츠탁!]
생일 축하해!

1603 **Herzlichen Glückwunsch!** [헤어츨리헨 글뤽분쉬!]
진심으로 축하해!

1604 **Herzlich Willkommen!** [헤어츨리히 빌콤멘!]
진심으로 환영합니다!

1605 **das Geburtsdatum** [게부어츠다툼] 생년월일

1606 **gebären (– gebar – geboren)** [게베–렌] (아이를) 낳다
⋯▸ Ich wurde am 1. 5. 1990 geboren.
[이히 부어데 암 에어스튼 퓐프텐 노인첸훈더트노인치히 게보렌.]
나는 1990년 5월 1일에 태어났다.

1607 **der Geburtsort** [게부어츠오르트] 출생지

1608 **der Gruß, Grüße** [그루–스] 인사, 안부

1609 **angenehm** [안게넴–] 기분 좋은, 쾌적한

1610 **die Dankbarkeit** [당크바카이트] 감사의 마음

Szene 05 die Spazierfahrt
드라이브

- fahren 운전하다
- die Landschaft 경치
- besichtigen 구경하다
- schön 아름다운, 멋진
- das Auto 자동차
- der Himmel 하늘
- das Dach 지붕, 덮개
- der Berg 산
- der Fluss 강
- das Steuer 핸들, 운전대
- der Außenspiegel 사이드미러
- der Sitz 좌석, 시트
- der Scheinwerfer 헤드라이트
- der Fahrersitz 운전석
- das Navigationsgerät 내비게이션
- der Sicherheitsgurt 안전벨트
- der Reifen 타이어

자동차 여행

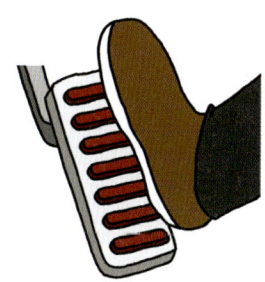

- [ ] das Gaspedal 액셀러레이터
- [ ] die Bremse 브레이크
- [ ] die Hupe 경적

- [ ] das Meer 바다
- [ ] der Hügel 언덕
- [ ] das Feld 들판
- [ ] der See 호수
- [ ] der Strand 해변

- [ ] die Wettervorhersage 일기예보
- [ ] das Wetter 날씨
- [ ] vortrefflich / wundervoll 훌륭한
- [ ] fantastisch 환상적인, 멋진

Szene 05 드라이브

1611 **die Spazierfahrt** [슈파치어파르트] 드라이브

1612 **fahren** [파-른] 운전하다

1613 **das Auto** [아우토] 자동차

1614 **das Dach** [닥흐] 지붕, 덮개

1615 **das Steuer** [슈토이어] 핸들, 운전대

1616 **der Sitz** [짓츠] 좌석, 시트

1617 **der Fahrersitz** [파러짓츠] 운전석

1618 **der Sicherheitsgurt** [지혀하이츠구어트] 안전벨트

1619 **der Reifen** [라이픈] 타이어

1620 **das Navigationsgerät** [나비가치온스게래트] 내비게이션

1621 **der Außenspiegel** [아우쎈슈피겔] 사이드미러

1622 **der Scheinwerfer** [샤인베르퍼] 헤드라이트

1623 **die Landschaft** [란트샤프트] 경치

1624 **besichtigen** [베지히티근] 구경하다

1625 **schön** [셴-] 아름다운, 멋진

1626 **der Himmel** [힘멜] 하늘

1627 **der Berg** [베어크] 산

1628 **der Fluss** [플루쓰] 강

1629 **das Gaspedal** [가스페달] 액셀러레이터

1630 **aufs Gaspedal treten** [아웊스 가스페달 트레-튼]
액셀러레이터를 밟다

1631 **die Bremse** [브렘제] 브레이크

1632 **auf die Bremse treten** [아우프 디 브렘제 트레-튼]
브레이크를 밟다

1633 **die Hupe** [후페] 경적

1634 **auf die Hupe drücken** [아우프 디 후페 드뤽큰] 경적을 누르다

1635 **das Meer** [메-어] 바다

1636 **der Hügel** [휘-겔] 언덕

1637 **das Feld** [펠트] 들판

1638 **der See** [제-] 호수

1639 **der Strand** [슈트란트] 해변

1640 **die Wettervorhersage** [베터포헤어자-게] 일기예보

1641 **das Wetter** [베터] 날씨

1642 **vortrefflich** [포어트레플리히] / **wundervoll** [분더폴] 훌륭한

1643 **fantastisch** [판타스티쉬] 환상적인, 멋진

1644 **die Wolke, _n** [볼케] 구름

1645 **die Sonne** [존네] 태양

1646 **scheinen** [샤이는] 빛나다

1647 **klar** [클라] 맑은

⋯▸ Gestern war der Himmel klar.
[게스턴 바 데어 힘믈 클라.]
어제는 하늘이 맑았다.

1648 **trübe** [트뤼베] 흐린

⋯▸ Heute ist es trübe.
[호이테 이스트 에스 트뤼-베.]
오늘은 날씨가 흐리다.

1649 **heiß** [하이쓰] 더운

1650 **kalt** [칼트] 추운

1651 **kühl** [퀼-] 시원한

1652 **die Reise** [라이제] 여행

1653 **allein reisen** [알라인 라이젠] 혼자 여행하다

1654 **die Eintagesreise** [아인타게스라이제] 당일치기 여행

1655 **die Übelkeit beim Autofahren**
[유벨카이트 바임 아우토파-른] 멀미

1656 **die Nachtszene** [낙흐트체-네] 야경
⋯▸ Das ist eine schöne Nachtszene.
[다스 이트스 아이네 셰네 낙흐트체-네.]
야경이 아름답네요.

1657 **unbedingt** [운베딩트] 꼭

1658 **die Autobahn** [아우토반-] 고속도로

1659 **die Fahrbahn** [파-반] 차도

1660 **der Fahrstreifen** [파-슈트라이픈] 차선

1661 **platzen** [플라첸] 펑크가 나다

1662 **einen Reifen wechseln** [아이넨 라이펜 벡셀른]
타이어를 교체하다

1663 **das Benzin** [벤친] 벤진, 휘발유

1664 **der Führerschein** [퓌러샤인] 운전면허증

1665 **der Verkehrsunfall** [페어케어스운팔] 교통사고

1666 **die Höchstgeschwindigkeit** [회히스트게슈빈디히카이트]
최고 속도, 속도제한

1667 **Einnicken am Steuer** [아인닉큰 암 슈토이어] 졸음운전

1668 **die Fahrerflucht** [파러플룩흐트] 뺑소니

1669 **der Motor** [모토어] 모터, 엔진

1670 **die Batterie** [바테리-] 배터리

1671 **das Autokennzeichen** [아우토켄차이헨] 차량 번호판

1672 **der Gebrauchtwagen** [게브라욱트바-근] 중고차

1673 **der Leihwagen** [라이바-근] 렌터카

1674 **der PKW (= Personenkraftwagen)**
[페카베 (= 페어조넨크라프트바-근)] 승용차

1675 **der LKW (= Lastkraftwagen)**
[엘카베 (= 라스트크라프트바-근)] 화물차

1676 **das Kfz (= Kraftfahrzeug)** [카에프첼 (= 크라프트파-초익)] 자동차

1677 **der Kfz-Mechaniker** [카에프첼 메햐니커] 자동차 정비사

1678 **die Kfz-Werkstatt** [카에프첼 베어크슈타트] 자동차 수리 공장

1679 **passieren** [파씨-렌] / **geschehen** [게셴-]
(일, 사고가) 일어나다

Teil VI

외출 2

Szene 01 백화점

Szene 02 은행

Szene 03 병원

Szene 04 우체국

Szene 05 식당

Szene 01
das Kaufhaus
백화점

- die Lebensmittelabteilung
  식료품 코너
- die Kosmetikabteilung
  화장품 코너
- die Elektronik
  전자제품
- die Möbel pl.
  가구
- die Haushaltswaren pl.
  가정용품
- die Sportabteilung
  스포츠용품 코너
- der Preis, _e
  가격
- das Preisschild
  가격표

- der Schlussverka[uf]
  시즌 마감 세일
- die Rolltreppe
  에스컬레이터
- die Herrenmode
  신사복 코너
- der Fahrstuhl /
  der Aufzug
  엘리베이터
- die Damenmode
  여성복 코너
- der Schmuck, _e 장신구
- der Parkplatz 주차장

쇼핑

- [ ] der Verkäufer 남자 판매원
- [ ] die Verkäuferin 여자 판매원
- [ ] freundlich 친절한

- [ ] groß 큰
- [ ] klein 작은
- [ ] teuer 비싼
- [ ] billig 값싼
- [ ] der Luxus 사치, 호화

- [ ] das Geschäft / der Laden 가게, 상점
- [ ] der Supermarkt 슈퍼마켓
- [ ] das Einkaufszentrum 쇼핑센터
- [ ] das Schaufenster 쇼윈도

Szene 01 백화점

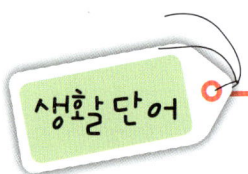
생활단어

1680 **das Kaufhaus** [카우프하우스] 백화점

1681 **die Lebensmittelabteilung** [레벤스밋틀앞타일룽] 식료품 코너

1682 **die Kosmetikabteilung** [코스메틱앞타일룽] 화장품 코너

1683 **die Elektronik** [엘렉트로닉] 전자제품

1684 **die Möbel** [뫼벨] pl. 가구

1685 **die Haushaltswaren** [하우스할츠바-른] pl. 가정용품

1686 **die Sportabteilung** [슈포트압타일룽] 스포츠용품 코너

1687 **der Schmuck, _e** [슈묵] 장신구

1688 **der Schlussverkauf** [슐루쓰페어카우프] 시즌 마감 세일

1689 **die Herrenmode** [헤렌모데] 신사복 코너

1690 **die Damenmode** [다멘모데] 여성복 코너

1691 **der Preis, _e** [프라이스] 가격

1692 **das Preisschild** [프라이스쉴트] 가격표

1693 **die Rolltreppe** [롤트레페] 에스컬레이터

1694 **der Fahrstuhl** [파-슈툴-] / **der Aufzug** [아우프축-]
엘리베이터

1695 **der Parkplatz** [팍플라츠] 주차장

1696 **der Verkäufer** [페어코이퍼] 남자 판매원

1697 **die Verkäuferin** [페어코이퍼린] 여자 판매원

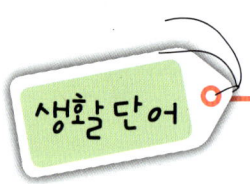

1698 **freundlich** [프로인틀리히] 친절한

1699 **groß** [그로쓰] 큰

1700 **klein** [클라인] 작은

1701 **teuer** [토이어] 비싼

1702 **billig** [빌리히] 값싼

1703 **der Luxus** [룩수스] 사치, 호화

1704 **das Geschäft** [게셰프트] / **der Laden** [라-든] 가게, 상점

1705 **der Supermarkt** [주퍼마크트] 슈퍼마켓

1706 **das Einkaufszentrum** [아인카옾스첸트룸] 쇼핑센터

1707 **das Schaufenster** [샤우펜스터] 쇼윈도

1708 **die Öffnungszeit, _en** [외프눙스차이트] 영업시간

1709 **geöffnet** [게외프넷] 열린

1710 **geschlossen** [게슐로쓴] 닫힌

1711 **das Untergeschoss** [운터게쇼쓰] 건물의 지하층

1712 **das Erdgeschoss** [에어트게쇼쓰] 건물의 1층

1713 **der Stock** [슈톡] / **die Etage** [에타쥐] 층

1714 **der erste Stock** [데어 에어스테 슈톡] 건물의 2층

1715 **der zweite Stock** [데어 츠바이테 슈톡] 건물의 3층

1716 **der Discounter** [디스카운터] 할인매장

1717 **das (der) Juwel, _en** [유벨] 귀금속

1718 **der Edelstein** [에-들슈타인] 보석

1719 **der Diamant** [디아만트] 다이아몬드

1720 **das Gold** [골트] 금

1721 **das Silber** [질버] 은

1722 **der Ring, _e** [링] 반지

1723 **das Armband, Armbänder** [아름반트] 팔찌

1724 **die Halskette, _n** [할스케테] 목걸이

1725 **die Handschuhe** [한트슈에] pl. 장갑

1726 **die Brosche, _n** [브로셰] 브로치

1727 **anprobieren** [안프로비-렌] 옷을 입어 보다

1728 **die Umkleidekabine, _n** [움클라이데카비네] 탈의실

1729 **passen** [파쎈] (옷 등이) 꼭 맞다

⋯▸ Der Mantel passt mir nicht.
[데어 만틀 파스트 미어 니히트.]
외투가 제게 맞지 않습니다.

1730 **gefallen** (+ 3격) [게팔른] 마음에 들다

⋯▸ Gefällt Ihnen die Jacke?
[게펠트 이-는 디 야케?]
재킷이 마음에 드십니까?

⋯▸ Das Kleid gefällt mir gut.
[다스 클라이트 게펠트 미어 굳.]
원피스가 매우 마음에 듭니다.

1731 **die Tracht** [트락흐트] 전통 의상

1732 **kariert** [카리어트] 체크무늬의

1733 **gestreift** [게슈트라잎트] 줄무늬의

1734 **bunt** [분트] 다채로운, 알록달록한

1735 **die Farbe, _n** [파르베] 색

1736 **rot** [로-트] 빨간

1737 **gelb** [겔프] 노란

1738 **blau** [블라우] 파란

1739 **hellblau** [헬블라우] 밝은 청색의

1740 **dunkelblau** [둥클블라우] 감색의

1741 **schwarz** [슈바르츠] 검은

1742 **weiß** [바이스] 흰

1743 **braun** [브라운] 갈색의

1744 **grün** [그륀] 녹색의

1745 **violett** [비올렡] / **lila** [릴라] 보라색의

1746 **rosa** [로자] 분홍색의

1747 **orange** [오랑쥐] 주황색의

1748 **grau** [그라우] 회색의

1749 **braun** [브라운] 갈색의

1750 **die Garantie** [가란티-] 보증, 보증 기간

1751 **der Garantieschein** [가란티샤인] 보증서

1752 **die Authentizität** [아우텐티치탵] 순수성, 신뢰성

1753 **authentisch** [아우텐티쉬] 진짜의, 믿을 수 있는

1754 **echt** [에히트] 진짜인

1755 **unecht** [운에히트] 가짜인, 모조의

1756 **einpacken** [아인팍큰] 포장하다

⋯ Können Sie mir das als Geschenk einpacken?
[쾬는 지 미어 다스 알스 게솅크 아인팍큰?]
그것을 선물로 포장해 주실 수 있나요?

1757 **der Luxusartikel** [룩수스아티클] 사치품

1758 **luxuriös** [룩수리외스] 사치스런, 호화로운

1759 **aufwendig** [아우프벤디히] 값비싼, 많은 돈을 필요로 하는

1760 **kostbar** [코스트바-] 귀중한, 소중한

1761 **unbezahlbar** [운베찰바-] 지불할 수 없는, 돈으로 살 수 없는

1762 **die Marke** [마르케] 상표

1763 **der Markenartikel** [마르켄아티클] 정품, 브랜드 상품

1764 **einige** [아이니게] / **mehrere** [메러레] (+ 복수 명사)
여러 개의, 몇몇의

1765 **das Spielzeug, _e** [슈필초잌] 장난감

Szene 01 백화점 • 293

Szene 02 die Bank
은행

- [ ] das Ersparen 저축
- [ ] überweisen 송금하다, 계좌 이체하다
- [ ] einzahlen 예금하다
- [ ] abheben 인출하다
- [ ] das Sparbuch 통장
- [ ] die Bankangestellte 여자 은행원
- [ ] die Kontonummer 계좌번호
- [ ] der Kontostand 계좌 상황, 예금 잔고
- [ ] die Geheimnummer 비밀번호
- [ ] die Unterschrift 서명
- [ ] die Reihenfolge 순서
- [ ] der Geldautomat 현금인출기
- [ ] die Besprechung 상담

돈

- leihen 빌려주다, 빌리다
- zurückgeben 돌려주다
- der Kredit 신용대부
- die Devisen pl. 외(국)환

- der Euro 유로화
- der Cent 센트
- der Dollar 달러
- der Scheck 수표

- die Aktie 주식
- die Versicherung 보험
- die Rente 연금
- der Zins, _en 이자

1766 **die Bank** [방크] 은행

1767 **das Ersparen** [에어슈파-른] 저축

1768 **einzahlen** [아인찰-른] 예금하다

1769 **überweisen** [위버바이젠] 송금하다, 계좌 이체하다

1770 **abheben** [앞헤-븐] 인출하다

1771 **das Sparbuch** [슈파북흐] 통장

1772 **die Kontonummer** [콘토눔머] 계좌번호

1773 **der Kontostand** [콘토슈탄트] 계좌 상황, 예금 잔고

1774 **die Geheimnummer** [게하임눔머] 비밀번호

1775 **die Unterschrift** [운터슈리프트] 서명

1776 **unterschreiben (– unterschrieb – unterschrieben)** [운터슈라이븐] 서명하다

1777 **der Geldautomat** [겔트아우토마트] 현금인출기

1778 **die Reihenfolge** [라이엔폴게] 순서

1779 **die Besprechung** [베슈프레흉] 상담

1780 **die Bankangestellte** [방크안게슈텔테] 여자 은행원

1781 **leihen** [라이엔] 빌려주다, 빌리다

1782 **zurückgeben** [추뤽게–븐] 돌려주다

1783 **der Kredit** [크레딭] 신용대부

1784 **die Devisen** [데비즌] pl. 외(국)환

1785 **der Euro** [오이로] 유로화

1786 **der Cent** [센트] 센트

1787 **der Dollar** [돌라] 달러

1788 **der Scheck** [셱] 수표

1789 **die Aktie** [악치에] 주식

1790 **die Versicherung** [페어지혀룽] 보험

1791 **die Rente** [렌테] 연금

1792 **der Zins, _en** [친스] 이자

1793 **die Sparkasse** [슈파카쎄] 저축은행

1794 **die Kasse** [카쎄] 금고, 회계과, 은행, 저축은행

1795 **die Börse** [뵈어제] 증권거래소

1796 **die Filiale, _n** [필리알-레] 지점, 지사

1797 **das Konto** [콘토] 예금 계좌

> ein Konto bei der Bank eröffnen
> [아인 콘토 바이 데어 방크 에어외프는]
> 은행에 계좌를 개설하다

1798 **Geld abheben** [겔트 앞헤븐] 돈을 인출하다

1799 **Geld aus der Kasse entnehmen**
[겔트 아우스 데어 카쎄 엔트네-믄] 은행에서 돈을 인출하다

1800 **sich auszahlen lassen** [지히 아우스찰-른 라쎈]
지불하게 하다, 인출하다

1801 **das Wertpapier** [베어트파피어] 유가증권

1802 **der Devisenkurs** [데비즌쿠어스] 외환 시세, 환율

1803 **aktive Handelsbilanz** [악티베 한델스빌란츠] 흑자

1804 **passive Handelsbilanz** [파씨베 한델스빌란츠] 적자

1805 **der Notgroschen** [놑그로셴] 비상금

1806 **allmählich** [알맬-리히] 점점

1807 **zum ersten Mal** [춤 에어스텐 말] 처음으로

1808 **möglichst** [뫼클리히스트] 될 수 있으면

1809 **vermehren** [페어메-른] 늘리다

1810 **verringern** [페어링어른] 줄이다

1811 **reich** [라이히] 부유한

1812 **arm** [아름] 가난한

1813 **die Ausgabe** [아우스가베] 지출

1814 **das Einkommen** [아인코믄] 수입, 소득

1815 **der Verbrauch** [페어브라욱흐] 소비

⋯▶ den Verbrauch senken
[덴 페어브라욱흐 젱큰]
소비를 줄이다

1816 **der Geizige** [데어 가이치게] / **ein Geiziger** [아인 가이치거]
(남자) 구두쇠

1817 **die Zunahme** [추나-메] 증가

1818 **die Abnahme** [압나-메] 감소

1819 **der Dieb** [딮] 도둑

1820 **stehlen** [슈텔-른] 훔치다

1821 **investieren** [인베스티-른] / **anlegen** [안레-근] 투자하다

1822 **die Investition** [인베스티치온] 투자

1823 **das Eigentum** [아이겐툼] 재산

1824 **sparen** [슈파-른] 절약하다, 저축하다

1825 **sparsam** [슈파-(르)잠] 절약하는, 아끼는

1826 **die Sparsamkeit** [슈파(르)잠카이트] 절약

1827 **verschwenden** [페어슈벤든] 낭비하다

1828 **verschwenderisch** [페어슈벤더리쉬] 낭비벽이 심한

1829 **(Geld) verdienen** [(겔트) 페어디-는] 돈을 벌다

1830 **(Geld) sammeln** [(겔트) 잠멜른] (돈을) 모으다

1831 **die Finanzen** [피난첸] 자금, 금융

1832 **finanzieren** [피난치-른] 자금을 대다

1833 **die Währung** [베-룽] 화폐, 통화

1834 **wechseln** [벡셀른] 바꾸다

1835 **der Geldwechsel** [겔트벡셀] 환전

Szene 03 das Krankenhaus
병원

- krank 아픈
- das Symptom 증상
- der Schüttelfrost 오한
- der Husten 기침
- das Niesen 재채기
- der Nasenschleim 콧물
- das Fieber 열
- das Thermometer 체온계, 온도계
- die Erkältung 감기
- die Grippe 독감
- der Kranke / ein Kranker 남자 환자
- die Spritze 주사
- die Krankenschwester 간호사
- der Blutdruck 혈압
- die Behandlung 진료
- der Arzt 의사

치료

- [ ] die Apotheke 약국
- [ ] das (ärztliche) Rezept 처방전
- [ ] das Medikament, _e 약
- [ ] die Tablette, _n 알약

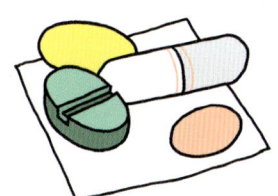

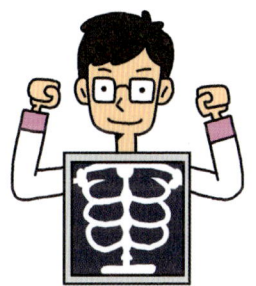

- [ ] vor dem Essen 식사 전
- [ ] nach dem Essen 식사 후
- [ ] das Attest 진단서
- [ ] die Röntgenstrahlen pl. 엑스레이

- [ ] der Knochenbruch 골절
- [ ] der Gips 깁스
- [ ] Aufnahme ins Krankenhaus 입원
- [ ] Entlassung aus dem Krankenhaus 퇴원

1836 **das Krankenhaus** [크랑큰하우스] 병원

1837 **krank** [크랑크] 아픈

1838 **das Symptom** [쥠프톰] 증상

1839 **der Schüttelfrost** [쉿텔프로스트] 오한

1840 **der Husten** [후스튼] 기침

1841 **das Niesen** [니-젠] 재채기

1842 **der Nasenschleim** [나젠슐라임] 콧물

1843 **das Fieber** [피-버] 열

1844 **das Thermometer** [테르모메터] 체온계, 온도계

1845 **die Erkältung** [에어캘퉁] 감기

1846 **die Grippe** [그립페] 독감

1847 **der Kranke** [데어 크랑케] / **ein Kranker** [아인 크랑커]
남자 환자

1848 **der Arzt** [아르츠트] 의사

1849 **die Behandlung** [베한틀룽] 진료

1850 **die Krankenschwester** [크랑큰슈베스터] 간호사

1851 **die Spritze** [슈프릿체] 주사

1852 **der Blutdruck** [블룻드룩] 혈압

1853 **die Apotheke** [아포테케] 약국

1854 **das (ärztliche) Rezept** [다스 (애르츠틀리혜) 레쳅트] 처방전

1855 **das Medikament, _e** [메디카멘트] 약

1856 **die Tablette, _n** [타블레테] 알약

1857 **vor dem Essen** [포어 뎀 에쓴] 식사 전

1858 **nach dem Essen** [낙흐 뎀 에쓴] 식사 후

1859 **das Attest** [아테스트] 진단서

1860 **die Röntgenstrahlen** [룐트겐슈트랄-른] pl. 엑스레이

1861 **der Knochenbruch** [크녹흔브룩흐] 골절

1862 **der Gips** [깊스] 깁스

1863 **Aufnahme ins Krankenhaus**
[아우프나-메 인스 크랑큰하우스] 입원

1864 **Entlassung aus dem Krankenhaus**
[엔트라쑹 아우스 뎀 크랑큰하우스] 퇴원

1865 **die Operation** [오페라치온] 수술

1866 **der Apotheker** [아포테커] 남자 약사

1867 **die Apothekerin** [아포테커린] 여자 약사

1868 **die Salbe** [잘베] 연고

1869 **die Sprechstunde** [슈프레히슈툰데] 진찰 시간

1870 **die Klinik für innere Medizin**
[클리닉 퓌어 이너레 메디친] 내과 병원

1871 **die Chirurgische Klinik** [히루르기셰 클리닉] 외과 병원

1872 **die Kinderklinik** [킨더클리닉] 소아과 병원

1873 **die Frauenklinik** [프라우엔클리닉] 산부인과 병원

1874 **die Zahnarztpraxis** [찬-아르츠트프락시스] 치과 병원
⋯▸ Ich gehe zum Zahnarzt.
[이히 게- 춤 찬아르츠트]
나는 치과에 간다.

1875 **die Augenklinik** [아우겐클리닉] 안과 병원

1876 **die Hals-Nasen-Ohren-Klinik**
[할스 나젠 오-른 클리닉] 이비인후과 병원

1877 **die Hautklinik** [하우트클리닉] 피부과 병원

1878 **plötzlich** [플뢰츨리히] 갑자기

1879 **hinfallen** [힌팔른] / **stürzen** [슈튀르첸] 넘어지다, 쓰러지다

1880 **sicher** [지허] 확실히

1881 **bestimmt** [베슈팀트] 반드시

1882 **das Gift, _e** [기프트] 독

1883 **die Vergiftung** [페어기프퉁] 중독

1884 **die Krankheit, _en** [크랑크하이트] 병

1885 **die Blutgruppe** [블루트그룹페] 혈액형

1886 **sich operieren lassen** [지히 오페리-른 라쓴] 수술을 받다

1887 **heilen** [하일른] / **genesen** [게네-즌] 낫다

1888 **der Krankenbesuch** [크랑큰베죽흐] 문병

1889 **sorgen (für ~)** [조르겐 (퓌어 ~)] 돌보다

1890 **leben** [레-븐] 살다

1891 **wichtig** [비히티히] 중요한

1892 **bedauern** [베다우어른] 유감스럽게 생각하다

1893 **die Wunde** [분데] 상처

1894 **die Desinfektion** [데스인펙치온] 살균, 소독

1895 **sich erkälten** [지히 에어캘튼] 감기에 걸리다

1896 **husten** [후스튼] 기침하다

1897 **sich erbrechen** [지히 에어브레헨] /
sich übergeben [지히 위버게-븐] 토하다

1898 **die Kopfschmerzen** [코프슈메르첸] pl. 두통

1899 **die Bauchschmerzen** [바욱흐슈메르첸] pl. 복통

1900 **die Magenschmerzen** [마겐슈메르첸] pl. 위통

1901 **die Zahnschmerzen** [찬-슈메르첸] pl. 치통

1902 **die Übelkeit** [유벨카이트] 멀미, 메스꺼움

1903 **die Lebensmittelvergiftung** [레벤스밋틀페어기프퉁]
식중독

1904 **die Infektionskrankheit** [인펙치온스크랑크하이트] 전염병

1905 **die Allergie** [알레어기-] 알레르기

1906 **die Verdauungsbeschwerden**
[페어다우웅스베슈베르덴] pl. 소화불량

1907 **der Durchfall** [두르히팔] 설사

1908 **die Verstopfung** [페어슈토풍] 변비

1909 **die Brandwunde** [브란트분데] 화상

1910 **das schmerzlindernde Mittel** [슈메르츠린더른데 밋틀] /
das Schmerzmittel [슈메르츠밋틀] 진통제

1911 **das Fiebermittel** [피버밋틀] 해열제

1912 **das Desinfektionsmittel** [데스인펙치온스밋틀]
소독약, 살균제

1913 **das Schlafmittel** [슐라프밋틀] 수면제

1914 **das Mittel gegen Übelkeit** [밋틀 게겐 유벨카이트] 멀미약

1915 **das Mittel für die Verdauung** [밋틀 퓌어 디 페어다우웅]
소화제

1916 **die Wirkung** [비어쿵] 효과, 작용

1917 **die Nebenwirkung** [네벤비어쿵] 부작용

1918 **schädlich** [섀틀리히] 해로운

1919 **nützlich** [뉘츨리히] 유익한, 이로운

1920 **ein Medikament einnehmen** [아인 메디카멘트 아인네-믄] 약을 복용하다

1921 **gut wirken** [굴 비어큰] 잘 듣다, 효과가 있다

1922 **wehtun** [베-툰] 아프다

⋯▸ Der Kopf tut mir weh.
[데어 코프 투트 미어 베-.]
나는 머리가 아프다.

1923 **Gute Besserung!** [구테 베써룽!] 쾌유를 빕니다!

Szene 04 das Postamt
우체국

- der Schalter 창구
- der Postbeamte / ein Postbeamter 우체국 남자 직원
- die Postbeamtin 우체국 여자 직원
- die Post 우편, 우편물
- die Waage 저울
- einpacken 포장하다
- senden 보내다
- die Postkarte 엽서
- das Briefpapier 편지지
- der Brief 편지
- die Briefmarke 우표
- der Absender 발신인
- der Briefumschlag 봉투
- der Empfänger 수취인
- die Postleitzahl 우편번호
- die Anschrift des Empfängers 수취인 주소

발송

- die Anschrift / die Adresse 주소
- der Name 이름
- der Briefträger / der Postbote, _n 우편배달부
- der Schutzhelm 안전모, 헬멧

- der Briefkasten 우체통, 우편함
- der Kasten, Kästen 상자
- das Paket, _e 소포
- das Päckchen 작은 소포

- per Schiff 배편으로
- per Flugzeug 항공편으로
- die Luftpost 항공우편

Szene 04 우체국

1924 **das Postamt** [포스트암트] 우체국

1925 **der Schalter** [샬터] 창구

1926 **der Postbeamte** [데어 포스트베암테] /
ein Postbeamter [아인 포스트베암터] 우체국 남자 직원

1927 **die Postbeamtin** [포스트베암틴] 우체국 여자 직원

1928 **die Post** [포스트] 우편, 우편물

1929 **die Waage** [바-게] 저울

1930 **einpacken** [아인팍큰] 포장하다

1931 **senden** [젠든] 보내다

1932 **die Postkarte** [포스트카르테] 엽서

1933 **das Briefpapier** [브리-프파피어] 편지지

1934 **der Brief** [브리-프] 편지

1935 **der Briefumschlag** [브리-프움슐락] 봉투

1936 **die Briefmarke** [브리-프마르케] 우표

1937 **der Empfänger** [엠팽어] 수취인

1938 **der Absender** [앞젠더] 발신인

1939 **die Anschrift des Empfängers**
[안슈리프트 데스 엠팽어스] 수취인 주소

1940 **die Postleitzahl** [포스트라이트찰-] 우편번호

1941 **die Anschrift** [안슈리프트] / **die Adresse** [아드레쎄] 주소

1942 **der Name** [나-메] 이름

1943 **der Briefträger** [브리-프트래-거] /
der Postbote, _n [포스트보-테] 우편배달부

1944 **der Schutzhelm** [슈츠헬름] 안전모, 헬멧

1945 **der Briefkasten** [브리-프카스튼] 우체통, 우편함

1946 **der Kasten, Kästen** [카스튼] 상자

1947 **das Paket, _e** [파케트] 소포

1948 **das Päckchen** [팩헨] 작은 소포

1949 **per Schiff** [페르 쉽] 배편으로

1950 **per Flugzeug** [페르 플룩초익] 항공편으로

1951 **die Luftpost** [루프트포스트] 항공우편

1952 **die Eilsendung** [아일젠둥] /
die Eilzustellung [아일추슈텔룽] 속달우편

1953 **das Einschreiben** [아인슈라이븐] 등기

1954 **ein normaler Brief** [아인 노말러 브리-프] 보통 편지

1955 **die Drucksache, _n** [드룩작헤] 인쇄물

1956 **das Gewicht** [게비히트] 무게

1957 **schwer** [슈베어] 무거운

1958 **leicht** [라이히트] 가벼운

1959 **noch viel** (+ 비교급) [녹흐 필-] 훨씬 더 ~한

1960 **noch viel schneller** [녹흐 필 슈넬러] 훨씬 더 빨리

1961 **schon** [숀] 벌써, 이미

1962 **ankommen** [안코멘] 도착하다

1963 **eine Woche** [아이네 복헤] 일주일

1964 **die Antwort** [안트보르트] 대답, 회답

1965 **die Nachricht** [낙흐리히트] 소식

1966 **die Form** [폼] 모양, 외양

1967 **das Telegramm** [텔레그람] 전보

1968 **berühren** [베뤼-른] 만지다

1969 **vergleichen** [페어글라이헨] 비교하다

1970 **Schwierigkeiten haben** [슈비리히카이튼 하-븐]
난처하다, 곤란하다

1971 **gründlich** [그륀틀리히] 철저한, 꼼꼼한

1972 **ausführlich** [아우스퓌얼리히] 상세한, 세세한

1973 **das Porto, _s** [포르토] 우편 요금

1974 **wiegen** [비-근] 무게를 달다

1975 **die Versandkosten** [페어잔트코스텐] pl. 운송 비용

1976 **betragen** [베트라-근] (액수가) ~에 달하다

1977 **versenden** [페어젠든] 발송하다

Szene 05 das Restaurant
식당

- der Kellner 웨이터
- das Eiswasser 얼음물
- gießen (물을) 따르다
- die Speisekarte 메뉴
- die Serviette 냅킨
- empfehlen 추천하다
- die Bestellung 주문
- bestellen 주문하다
- das Messer 나이프
- der Löffel 스푼
- das Glas 컵
- die Tasse 찻잔

외식

- die Nachspeise 디저트, 후식
- nachfüllen 리필하다
- die Reservierung 예약
- widerrufen 취소하다

- die Rechnung 계산서
- das Trinkgeld 팁
- zahlen 지불하다, 돈을 내다
- getrennt bezahlen 각자 지불하다

- ein deutsches Gericht 독일 요리
- ein koreanisches Gericht 한국 요리
- ein japanisches Gericht 일본 요리
- ein chinesisches Gericht 중국 요리

| 1978 | **das Restaurant** [레스토랑] 식당 |

| 1979 | **die Speisekarte** [슈파이제카르테] 메뉴 |

| 1980 | **empfehlen** [엠펠-른] 추천하다 |

| 1981 | **die Bestellung** [베슈텔룽] 주문 |

| 1982 | **bestellen** [베슈텔른] 주문하다 |

| 1983 | **der Kellner** [켈너] 웨이터 |

| 1984 | **gießen** [기-쓴] (물을) 따르다 |

| 1985 | **das Eiswasser** [아이스바써] 얼음물 |

| 1986 | **das Glas** [글라스] 컵 |

1987 **die Tasse** [타쎄] 찻잔

1988 **das Messer** [메써] 나이프

1989 **der Löffel** [뢰펠] 스푼

1990 **die Serviette** [제어비에테] 냅킨

1991 **die Nachspeise** [낙흐슈파이제] 디저트, 후식

1992 **nachfüllen** [낙흐퓔른] 리필하다

1993 **die Reservierung** [레저비-룽] 예약

1994 **widerrufen** [비더루-픈] 취소하다

1995 **die Rechnung** [레히눙] 계산서

생활단어

1996 **das Trinkgeld** [트링크겔트] 팁

1997 **zahlen** [찰-른] 지불하다, 돈을 내다
⋯▸ Ich möchte zahlen, bitte. / Die Rechnung, bitte!
[이히 뫼히테 찰른, 빗테.] / [디 레히눙, 빗테!]
계산하겠습니다. / 계산서 주세요!

1998 **getrennt bezahlen** [게트렌트 베찰른] 각자 지불하다

1999 **ein deutsches Gericht** [아인 도이췌스 게리히트] 독일 요리

2000 **ein koreanisches Gericht** [아인 코레아니셰스 게리히트]
한국 요리

2001 **ein japanisches Gericht** [아인 야파니셰스 게리히트]
일본 요리

2002 **ein chinesisches Gericht** [아인 히네지셰스 게리히트]
중국 요리

2003 **ein französisches Gericht** [아인 프란최지셰스 게리히트]
프랑스 요리

2004 **ein italienisches Gericht** [아인 이탈리에니셰스 게리히트]
이탈리아 요리

2005 **die Cafeteria** [카페테리아] 카페테리아 ★셀프서비스 레스토랑

2006 **die Person, _en** [페어존] 사람

⋯▸ Für wie viele Personen?
[퓌어 비 필-레 페어조넨?]
몇 사람으로 (예약할까요)?

2007 **das Gasthaus** [가스트하우스] 음식점, 여관

⋯▸ Das Gasthaus ist bekannt für riesige Schnitzel.
[다스 가스트하우스 이스트 베칸트 퓌어 리지게 슈니츨.]
그 음식점은 거대한 돈가스로 유명하다.

2008 **der Koch** [콕흐] 남자 요리사

2009 **die Köchin** [쾨힌] 여자 요리사

2010 **der Chefkoch** [셰프콕흐] 남자 주방장, 일류 요리사

생활 단어

2011 **die Chefköchin** [셰프쾨힌] 여자 주방장, 일류 요리사

2012 **der Wirt** [비르트] 음식점 남자 주인

2013 **die Wirtin** [비르틴] 음식점 여자 주인

2014 **die Bedienung** [베디-눙] 서비스, 식당 종업원

2015 **rufen** [루-픈] 부르다

2016 **bedienen** [베디-는] 시중들다

2017 **die Weinliste** [바인리스테] / **die Weinkarte** [바인카르테]
와인 리스트

2018 **das Mineralwasser mit Kohlensäure**
[미네랄바써 밑 콜-른조이레] 탄산수

2019 **das Mineralwasser ohne Kohlensäure**
[미네랄바써 오네 콜-른조이레] 탄산이 들어 있지 않은 광천수

2020 **fallen** [팔렌] 떨어지다

2021 **bitten** [빗튼] 부탁하다

2022 **wünschen** [뷘셴] 원하다, 바라다

2023 **besonders** [베존더스] 특히

2024 **heiß** [하이쓰] 뜨거운

2025 **kalt** [칼트] 찬

⋯▸ Kann ich bitte ein Glas kaltes Wasser haben?
[칸 이히 빗테 아인 글라스 칼테스 바써 하벤?]
차가운 물 한 잔 주실 수 있나요?

2026 **normale Größe** [노말레 그뢰쎄] 보통

2027 **doppelte Größe** [도플테 그뢰쎄] 두 배 크기

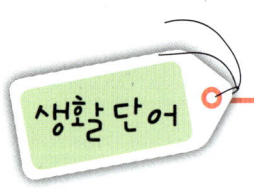
생활단어

2028 **extra groß** [엑스트라 그로쓰] 특대

2029 **der Vegetarier** [베게타리어] 채식주의자

2030 **fleischlos** [플라이쉬로스] 요리에 고기를 쓰지 않은

2031 **fleischarm** [플라이쉬아름] 고기를 적게 넣은

2032 **der Fleischliebhaber** [플라이쉬맆하버] 육식 애호가

2033 **bitte** [빗테] 자, 부디
⋯ Einen Moment, bitte! / Einen Augenblick, bitte!
[아이는 모멘트, 빗테!] / [아이는 아우겐블릭, 빗테!]
잠깐만요!

2034 **zum Mitnehmen** [춤 밑네-믄]
(음식을 포장해서) 가져가기 위한 것

2035 **aussuchen** [아우스죽흔] 고르다

2036 **sich beklagen (über~)** [지히 베클라-근] 불평하다

2037 **zerbrechen (– zerbrach – zerbrochen)** [체어브레헨]
깨지다

⋯▸ Das Glas ist zerbrochen.
[다스 글라스 이스트 체어브로흔.]
컵이 깨져 있습니다.

2038 **möchte** [뫼히테] / **hätte gern** [햇테 게른] (+4격)
~을 먹고 (마시고) 싶습니다. (주문할 때 쓰는 말)

⋯▸ Ich hätte gern (= Ich möchte) ein Stück Apfelkuchen und eine Tasse Kaffee.
[이히 햇테 게른 (= 이히 뫼히테) 아인 슈튁 아펠쿠흔 운트 아이네 탓세 카페.]
저는 애플케이크 한 조각과 커피 한 잔 하겠습니다.

2039 **einladen** [아인라-든] 초대하다

⋯▸ Sie sind heute eingeladen.
[지 진트 호이테 아인겔라-든.]
당신은 오늘 초대받은 것입니다. (오늘은 제가 지불하겠습니다.)

Teil VII

개인시간
PM 7:00~11:00

Szene 01 귀가

Szene 02 TV 시청 · 독서

Szene 03 공부 · 컴퓨터

Szene 04 목욕 · 샤워

Szene 05 수면

Szene 01
nach Hause
귀가

- zurückkommen 돌아오다
- nach Hause kommen 귀가하다
- die Klingel 벨, 초인종
- öffnen 열다
- das Licht anmachen 불을 켜다
- abbinden 풀다, 풀어 놓다
- (sich) ausziehen 벗다

- ruhen 쉬다
- müßig 한가로이
- bequem 편안한
- müde 피곤한
- die Müdigkeit 피로
- erschöpft 기진맥진한
- entspannt 긴장을 풀고, 편안하게

집

- wohnen 살다
- das Gebäude 건물
- das Hochhaus 고층 빌딩
- die Wohnung 집

- das Haus 집, 단독주택
- das Zweietagenhaus 이층집
- das Appartementhaus 아파트
- die Villa 고급 저택, 빌라

- die Dreizimmerwohnung
  (거실을 포함해) 방이 세 개 있는 집
- neu 새로운
- alt 낡은

2040 **nach Haus** [낙흐 하우제] 집으로

2041 **zurückkommen** [추뤽코믄] 돌아오다

2042 **nach Hause kommen** [낙흐 하우제 코믄] 귀가하다

2043 **die Klingel** [클링엘] 벨, 초인종

2044 **öffnen** [외프는] 열다

2045 **das Licht anmachen** [다스 리히트 안막흔] 불을 켜다

2046 **abbinden** [앞빈든] 풀다, 풀어 놓다

2047 **(sich) ausziehen** [(지히) 아우스치-은] 벗다

2048 **ruhen** [루엔] 쉬다

2049 **müßig** [뮈씨히] 한가로이

2050 **bequem** [베크벰] 편안한

2051 **müde** [뮈데] 피곤한

2052 **die Müdigkeit** [뮈디히카이트] 피로

2053 **erschöpft** [에어셰프트] 기진맥진한

2054 **entspannt** [엔트슈판트] 긴장을 풀고, 편안하게

2055 **wohnen** [보-는] 살다

2056 **das Gebäude** [게보이데] 건물

2057 **das Hochhaus** [호흐하우스] 고층 빌딩

2058 **die Wohnung** [보-눙] 집

2059 **das Haus** [하우스] 집, 단독주택

2060 **das Zweietagenhaus** [츠바이에타겐하우스] 이층집

2061 **das Appartementhaus** [아파트멘트하우스] 아파트

2062 **die Villa** [빌라] 고급 저택, 빌라

2063 **die Dreizimmerwohnung** [드라이침머보-눙]
(거실을 포함해) 방이 세 개 있는 집

2064 **neu** [노이] 새로운

2065 **alt** [알트] 낡은

2066 **die Stadt** [슈탈] 도시

2067 **das Dorf** [도르프] 마을

2068 **die Stadtmitte** [슈탈밋테] 도심

2069 **der Stadtbewohner** [슈탈베보-너] 도시 거주민, 시민

2070 **der Stadtrand** [슈탈란트] 시 외곽

2071 **die Vorstadt** [포어슈탈] 교외, 변두리

2072 **auf die Klingel drücken** [아우프 디 클링엘 드뤽큰] / **klingeln** [클링엘른] 초인종을 누르다

2073 **anklopfen** [안클롭픈] 문을 두드리다

2074 **ausmachen** [아우스막흔] 끄다

2075 **schließen** [슐리-쓴] 닫다

2076 **sich beruhigen** [지히 베루이근] 안심하다

2077 **die Vollpension** [폴펜지온] (세 끼 식사를 제공하는) 하숙

2078 **das Mietshaus** [미츠하우스] 임대주택

2079 **die Miete** [미-테] 세, 집세

2080 **mieten** [미-튼] 세를 얻다

2081 **vermieten** [페어미-튼] 세를 주다

2082 **der Mieter** [미-터] 세입자

2083 **der Vermieter** [페어미-터] 임대인, 집주인

2084 **der Makler** [마클러] 중개인

2085 **der Mietvertrag** [밑-페어트락] 임대 계약

2086 **möbliert** [뫼블리어트] 가구가 비치된
⋯▶ Ich suche eine möblierte Wohnung.
[이히 죽헤 아이네 뫼블리어테 보-눙.]
가구가 비치된 집을 찾고 있어요.

2087 **renovieren** [레노비-른] 보수하다, 수리하다

2088 **die Renovierung** [레노비-룽] 수리, 개축

2089 **bauen** [바우엔] (건물을) 짓다

2090 **der Hausmeister** [하우스마이스터] 관리인

2091 **der Umzug** [움축] 이사

2092 **tragen** [트라-근] 운반하다, 나르다

2093 **die Umgebung** [움게붕] 주변, 주변 지역

2094 **still** [슈틸] / **ruhig** [루이히] 조용한, 고요한

2095 **laut** [라우트] 시끄러운, 소리가 큰

2096 **leise** [라이제] 소리가 낮은

2097 **schnell** [슈넬] 빠르게, 빠른

2098 **langsam** [랑잠] 느리게, 느린

2099 **früh** [프뤼-] (시간이) 이른, 일찍

2100 **spät** [슈팰] (시간이) 늦은, 늦게

2101 **die Heizung** [하이충] 난방, 난방시설

2102 **die Nebenkosten** [네벤코스튼] pl. 부대 비용, 잡비

2103 **die Kaution** [카우치온] 임대 보증금
⋯ Wie viel Kaution muss man zahlen?
[비 필 카우치온 무스 만 찰-른?]
임대 보증금을 얼마나 지불해야 합니까?

2104 **der Nachbar, _n** [낙흐바] 남자 이웃

2105 **die Nachbarin, _nen** [낙흐바린] 여자 이웃

2106 **zurückgehen** [추뤽게-엔] 돌아가다

2107 **gemütlich** [게뮤-틀리히] 아늑한, 편안한

2108 **die Heimat** [하이마트] 고향

2109 **die Sehnsucht** [젠-죽흐트] 그리움, 동경

Szene 02 das Fernsehen, das Lesen
TV 시청 · 독서

- fernsehen 텔레비전을 시청하다
- sich konzentrieren 집중하다, 몰두하다
- der Zuschauer 시청자
- die Fernbedienung 리모컨
- sehen 보다
- hören 듣다
- der Fernseher 텔레비전
- die Fernsehserie 연속극
- der Roman 장편소설
- lesen 읽다
- die Lautstärke 음량, 볼륨
- die Zeitung 신문
- der Kanal 채널
- der Handzettel 광고물, 전단지

개인시간

- die Fernsehsendung, _n 텔레비전 방송
- die Livesendung 생방송
- die Wiederholungssendung 재방송
- der Zeichentrickfilm 만화영화

- die Quizsendung 퀴즈 프로그램
- der Wetterbericht 일기예보
- die Lotterie 복권
- die Nachrichten pl. 뉴스

- das Magazin 잡지
- der Leser 독자
- gesammelte Werke 전집
- der Bestseller 베스트셀러

Szene 02 TV 시청·독서

2110 **das Fernsehen** [페른제-은] TV 시청

2111 **das Lesen** [레-젠] 독서

2112 **fernsehen** [페른제-은] 텔레비전을 시청하다

2113 **sich konzentrieren** [지히 콘첸트리-른] 집중하다, 몰두하다

2114 **der Zuschauer** [추샤우어] 시청자

2115 **sehen** [제-엔] 보다

2116 **hören** [회-른] 듣다

2117 **der Fernseher** [페른제어] 텔레비전

2118 **die Fernsehserie** [페른제-제리에] 연속극

2119 **die Fernbedienung** [페른베디눙] 리모컨

2120 **die Lautstärke** [라울슈태르케] 음량, 볼륨

2121 **der Kanal** [카날] 채널

2122 **die Zeitung** [차이퉁] 신문

2123 **der Handzettel** [한트쳇틀] 광고물, 전단지

2124 **der Roman** [로만] 장편소설

2125 **lesen** [레-즌] 읽다

2126 **die Fernsehsendung, _en** [페른제젠둥] 텔레비전 방송

2127 **die Livesendung** [라이프젠둥] 생방송

생활단어

2128 **die Wiederholungssendung** [비더홀룽스젠둥] 재방송

2129 **der Zeichentrickfilm** [차이헨트릭필름] 만화영화

2130 **die Quizsendung** [크비츠젠둥] 퀴즈 프로그램

2131 **der Wetterbericht** [베터베리히트] 일기예보

2132 **die Lotterie** [로테리] 복권

2133 **die Nachrichten** [낙흐리히튼] pl. 뉴스

2134 **das Magazin** [마가친-] 잡지

2135 **der Leser** [레-저] 독자

2136 **gesammelte Werke** [게잠멜테 베어케] 전집

2137 **der Bestseller** [베스트쎌러] 베스트셀러

2138 **ein einzeln herausgegebenes Buch** [아인 아인첼른 헤라우스게게븐네스 북흐] 단행본

2139 **der Moderator** [모데라토어] 사회자

2140 **der Ansager** [안자거] 아나운서, 사회자

2141 **der Darsteller** [다슈텔러] 연기자

2142 **das Auftreten** [아우프트레튼] / **der Auftritt** [아우프트릿] 출연, 등장

2143 **die Rollenbesetzung** [롤른베제충] 역할 배정, 배역

2144 **der Künstler** [퀸스틀러] 예술가

2145 **künstlerisch** [퀸스틀러리쉬] 예술적인, 미적인

2146 **das Inland** [인란트] 국내

2147 **das Ausland** [아우스란트] 외국

2148 **die Welt** [벨트] 세계

2149 **die Wirtschaft** [비어트샤프트] 경제

2150 **der Korrespondent, _en** [코레스폰덴트] 통신원, 특파원

2151 **der Kommentar, _e** [코멘타-] 논평

2152 **die Kritik, _en** [크리틱] 비평, 평론

2153 **dick** [딕] 두꺼운

2154 **dünn** [뒨] 얇은

2155 **über Nacht** [위버 낙흐트] 하루아침에, 갑자기

2156 **die Mitternacht** [미터낙흐트] 한밤중

2157 **die Rundfunkanstalt** [룬트풍크안슈탈트] 방송국
··· Er arbeitet bei einer Rundfunkanstalt.
[에어 아르바이테트 바이 아이너 룬트풍크안슈탈트]
그는 방송국에서 근무한다.

2158 **die Sendung** [젠둥] 방송

2159 **die Redaktion** [레닥치온] 편집

2160 **übertragen** [위버트라-근] 중계하다

2161 **die Übertragung** [위버트라-궁] 중계

2162 **die Fußballübertragung im Fernsehen**
[푸쓰발위버트라궁 임 페른제-엔] 텔레비전 축구 중계

2163 **der Zuhörer** [추회-러] 청취자, 청중

2164 **der Tänzer** [탠처] 남자 무용수

2165 **die Tänzerin** [탠처린] 여자 무용수

2166 **der Sänger** [쟁어] 남자 가수

2167 **die Sängerin** [쟁어린] 여자 가수

2168 **der Schlager** [슐라거] 유행가

2169 **die klassische Musik** [클라씨셰 무짘] 클래식 음악

2170 **die Rockmusik** [롴무짘] 록 음악

2171 **der Popsong** [퐆송] 팝 음악

2172 **der Jazz** [재즈] 재즈

⋯▶ Mein Lieblingsmusikgenre ist Jazz.
[마인 리블링스무직장르 이스트 재즈]
내가 좋아하는 음악 장르는 재즈이다.

2173 **die Dunkelheit** [둥클하이트] 암흑

2174 **der Kopfhörer** [콥프회러] 헤드폰, 이어폰

2175 **das Fest** [페스트] 축제

2176 **veranstalten** [페어안슈탈튼] 개최하다

2177 **aktuell** [악투엘] 현실성 있는, 시사적인

2178 **mittelbar** [밋틀바-] 간접적인

2179 **unmittelbar** [운밋틀바-] 직접적인

Szene 03: das Lernen, der Computer
공부·컴퓨터

- das Wiederholen 반복하기, 복습
- die Vorbereitung 준비, 예습
- eifrig 열심히
- der Monitor 모니터
- die Tastatur 키보드
- die Maus 마우스
- das Internet 인터넷
- die Website 웹사이트
- der Chat 채팅
- der Blog 블로그
- das Spam 스팸 메일
- die E-Mail 이메일
- die E-Mail-Adresse 이메일 주소

취미 생활

- das Notebook 노트북컴퓨터
- im Internet surfen 인터넷 서핑을 하다
- anklicken (마우스를) 클릭하다
- das Intcrnctshopping /
  der Interneteinkauf 인터넷 쇼핑

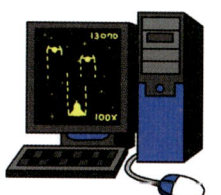

- das Hobby, _s 취미
- das Bild, _er 그림
- das Tagebuch 일기
- das Bergsteigen 등산

- das Blumenstecken 꽃꽂이
- das Lied, _er /
  der Gesang, Gesänge 노래
- der Tanz 춤
- das Stricken 뜨개질

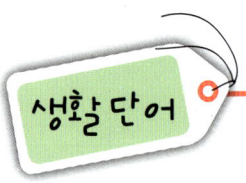

2180 **das Lernen** [레어는] 공부

2181 **der Computer** [콤퓨터] 컴퓨터

2182 **das Wiederholen** [비더홀른] 반복하기, 복습

2183 **die Vorbereitung** [포어베라이퉁] 준비, 예습

2184 **eifrig** [아이프리히] 열심히

2185 **der Monitor** [모니토어] 모니터

2186 **die Tastatur** [타스타투어] 키보드

2187 **die Maus** [마우스] 마우스

2188 **das Internet** [인터넽] 인터넷

2189 **die Website** [웹사이트] 웹사이트

2190 **der Chat** [챝] 채팅

2191 **der Blog** [블록] 블로그

2192 **das Spam** [스팸] 스팸 메일

2193 **die E-Mail** [이메일] 이메일

2194 **die E-Mail-Adresse** [이메일 아드레세] 이메일 주소

2195 **der Laptop** [랩톱] 노트북컴퓨터

2196 **im Internet surfen** [임 인터넷 써-픈] 인터넷 서핑을 하다

2197 **anklicken** [안클릭큰] (마우스를) 클릭하다

2198 **das Internetshopping** [인터넷쇼핑] /
der Interneteinkauf [인터넷아인카우프] 인터넷 쇼핑

2199 **das Hobby, _s** [호비] 취미

2200 **das Bild, _er** [빌트] 그림

2201 **das Tagebuch** [타게북흐] 일기

2202 **das Bergsteigen** [베어크슈타이근] 등산

2203 **bergsteigen** [베어크슈타이근] 등산하다

2204 **einen Berg hinaufsteigen**
[아이넨 덴 베어크 힌아우프슈타이근] 산을 오르다

2205 **das Blumenstecken** [블루멘슈텍큰] 꽃꽂이

2206 **das Lied, _er** [리-트] / **der Gesang, Gesänge** [게장]
노래

2207　**singen** [징은]　노래하다

2208　**der Tanz** [탄츠]　춤

2209　**tanzen** [탄첸]　춤추다

2210　**das Stricken** [슈트릭큰]　뜨개질

2211　**stricken** [슈트릭큰]　뜨개질하다

2212　**das Game** [게임]　게임

2213　**die Computerspielsucht** [콤퓨터슈필죽흐트]
컴퓨터 게임 중독

2214　**das Lesezeichen** [레제차이헨] /
das Bookmark [북마크]　(인터넷의) 즐겨찾기

2215　**installieren** [인스탈리–렌]　설치하다

2216 **herunterladen** [헤룬터라-덴] 다운로드하다

2217 **eingeben** [아인게-븐] (자료를) 입력하다

2218 **speichern** [슈파이혀른] 저장하다
⋯▸ Vergiss nicht die Dateien zu speichern.
[페어기스 니히트 디 다타이엔 추 슈파이혀른.]
데이터 저장하는 것을 잊지 마.

2219 **die Daten** [다텐] pl. 데이터

2220 **die Datenübertragung** [다텐위버트라궁] 데이터 전송

2221 **das Netzwerk, _e** [네츠베어크] 네트워크

2222 **der Anschluss** [안슐루쓰] 접속

2223 **angeln** [앙엘른] 낚시하다

2224 **Klavier spielen** [클라비어 슈필-른] 피아노를 연주하다

2225 **fotografieren** [포토그라피-른] 사진을 찍다

2226 **selten** [젤튼] 드문, 희귀한

2227 **seltsam** [젤트잠] / **sonderbar** [존더바] 이상한, 기묘한

2228 **immer** [임머] 언제나

2229 **oft** [오프트] 자주

2230 **manchmal** [만히말] 가끔, 때때로

2231 **kaum** [카움] 거의 ~하지 않다

2232 **nie** [니-] / **niemals** [니말스] 전혀 ~하지 않다

Szene 04: das Bad, die Dusche
목욕 · 샤워

- duschen 샤워하다
- die Massage 마사지
- der Dampf 김, 스팀
- das Shampoo 샴푸
- die Spülung 컨디셔너
- die Reinigungscreme 클렌징크림
- das Duschgel 샤워용 젤
- der Duschvorhang 샤워 커튼
- die Duschhaube 샤워 모자
- die Badewanne 욕조
- das Badetuch 목욕 수건
- der Bademantel 목욕 가운

몸 단장

- [ ] baden / ein Bad nehmen 목욕하다
- [ ] fließen (물이) 흐르다
- [ ] die Gesichtsmaske 얼굴 팩

- [ ] das Schaumbad 목욕용 거품 비누
- [ ] der Badeschwamm 목욕용 스펀지
- [ ] schäumen 거품이 일다
- [ ] überfließen 넘치다

- [ ] fett / dick 살찐
- [ ] mager / dünn 야윈, 마른
- [ ] schlank 날씬한
- [ ] das Gewicht 체중, 무게

생활단어

2233 **das Bad** [바-트] 목욕, 욕실, 해수욕장, 온천장

2234 **die Dusche** [두셰] 샤워, 샤워 시설

2235 **duschen** [두셴] 샤워하다

2236 **die Badewanne** [바데바네] 욕조

2237 **die Massage** [마사-쥐] 마사지

2238 **der Dampf** [담프] 김, 스팀

2239 **das Shampoo** [샴푸] 샴푸

2240 **die Spülung** [슈퓔룽] 컨디셔너

2241 **die Reinigungscreme** [라이니궁스크렘] 클렌징크림

2242 **das Duschgel** [두쉬겔] 샤워용 젤

2243 **der Duschvorhang** [두쉬포어항] 샤워 커튼

2244 **die Duschhaube** [두쉬하우베] 샤워 모자

2245 **das Badetuch** [바데툭흐] 목욕 수건

2246 **der Bademantel** [바데만틀] 목욕 가운

2247 **baden** [바-든] / **ein Bad nehmen** [아인 바-트 네-믄]
목욕하다

2248 **fließen** [플리-쓴] (물이) 흐르다

2249 **die Gesichtsmaske** [게지히츠마스케] 얼굴 팩

2250 **das Schaumbad** [샤움밭-] 목욕용 거품 비누

2251 **der Badeschwamm** [바트슈밤] 목욕용 스펀지

2252 **schäumen** [쇼이믄] 거품이 일다

2253 **überfließen** [위버플리-쓴] 넘치다

2254 **fett** [펱] / **dick** [딬] 살찐

2255 **mager** [마-거] / **dünn** [뒨] 야윈, 마른

2256 **schlank** [슐랑크] 날씬한

2257 **das Gewicht** [게비히트] 체중, 무게

2258 **messen** [메쓴] 재다

2259 **wiegen** [비-근] 무게를 달다, 무게가 ~이다

2260 **die Personenwaage** [페어조넨바-게] 체중계

2261 **zunehmen** [추네-믄] 몸무게가 늘다

2262 **abnehmen** [압네-믄] 몸무게가 줄다

2263 **die Zwischenmahlzeit** [츠비셴말차이트] 간식

2264 **die Diät** [디애트] 다이어트
··▸ Ich mache Diät.
[이히 막헤 디애트]
난 다이어트 중이야.

2265 **sich die Haare waschen** [지히 디 하-레 바셴] 머리를 감다

2266 **die Sauna** [사우나] 사우나

2267 **an einen Badeort (ver)reisen**
[안 아이넨 바데오르트 (페어)라이젠] 온천장으로 여행을 가다

2268 **zu Heilzwecken** [추 하일츠벡큰] 치료 목적으로

2269 **erfrischen** [에어프리셴] 상쾌하게 만들다, 생기가 나게 하다

2270 **kräftigen** [크래프티근] 힘을 북돋아 주다

2271 **sichtlich** [지히틀리히] 눈에 띄게, 뚜렷이

2272 **die Größe** [그뢰-쎄] 키

2273 **klein** [클라인] 작은, 키가 작은

2274 **groß** [그로-스] 큰, 키가 큰

2275 **die Situation** [지투아치온-] 형편, 상황

2276 **das Befinden** [베핀든] 건강 상태, 컨디션

2277 **der Nagelknipser** [나겔크닙서] 손톱깎이

2278 **die Maniküre** [마니퀴레] / **der Nagellack** [나겔락]
매니큐어

2279 **der Geruch** [게룩흐] 냄새

2280 **riechen (– roch – gerochen)** [리헨]
냄새를 맡다, ~한 냄새가 나다

2281 **der Duft** [두프트] 향기

2282 **duften** [두프튼] 향기가 나다

⋯▸ Hier duftet es nach Parfüm.
[히어 두프테트 에스 낙흐 파르퓜]
이곳에서 향수 냄새가 난다.

2283 **pflegen** [플레-겐] 돌보다, 가꾸다, 관리하다

2284 **die Hautpflege** [하우트플레-게] 피부 관리, 피부 손질

Szene 05 — das Schlafen
수면

- die Schläfrigkeit 졸음
- schläfrig 졸린
- sich legen 눕다
- liegen 누워 있다
- der Schlaf 잠
- einschlafen 잠들다
- schlafen 자다
- die Nachtstille 밤의 정적
- sich ausruhen 휴식을 취하다
- die Decke 이불
- die Unterlage 깔개, 요

잠

- das Bett machen 침대를 정리하다
- auf dem Rücken liegen
  등을 대고 누워 있다
- auf dem Bauch liegen
  엎드려서 누워 있다

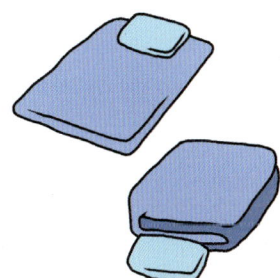

- die Schlaflosigkeit 불면(증)
- der Traum 꿈
- der Alptraum 악몽

- träumen 꿈꾸다
- schnarchen 코를 골다
- im Schlaf sprechen 잠꼬대를 하다
- fest schlafen 숙면하다

2285 **das Schlafen** [슐라-픈] 수면

2286 **die Schläfrigkeit** [슐래프리히카이트] 졸음

2287 **schläfrig** [슐래프리히] 졸린

2288 **sich legen** [지히 레-근] 눕다

2289 **liegen** [리-근] 누워 있다

2290 **die Decke** [덱케] 이불

2291 **die Unterlage** [운터라-게] 깔개, 요

2292 **der Schlaf** [슐라-프] 잠

2293 **einschlafen** [아인슐라-픈] 잠들다

2294　**schlafen** [슐라-픈] 자다

2295　**die Nachtstille** [낙흐트슈틸레] 밤의 정적

2296　**sich ausruhen** [지히 아우스루-엔] 휴식을 취하다

2297　**das Bett machen** [다스 벧 막흔] 침대를 정리하다

2298　**auf dem Rücken liegen** [아우프 뎀 뤽큰 리-근]
　　　등을 대고 누워 있다

2299　**auf dem Bauch liegen** [아우프 뎀 바욱흐 리-근]
　　　엎드려서 누워 있다

2300　**die Schlaflosigkeit** [슐라프로지히카이트] 불면(증)

2301　**der Traum** [트라움] 꿈

2302　**der Alptraum** [알프트라움] 악몽

2303 **träumen** [트로이믄] 꿈꾸다

2304 **schnarchen** [슈나르헨] 코를 골다

2305 **im Schlaf sprechen** [임 슐라프 슈프레헨] 잠꼬대를 하다

2306 **fest schlafen** [페스트 슐라-픈] 숙면하다

2307 **tief und traumlos schlafen**
[티프 운트 트라움로스 슐라-픈] 꿈도 꾸지 않고 깊게 자다

2308 **einschläfern** [아인슐래퍼른] 재우다

2309 **bequem** [베크벰] 편안한, 안락한

2310 **bald** [발트] 곧, 금방

2311 **gegen Abend** [게근 아벤트] 저녁 무렵

2312 **letzte Nacht** [레츠테 낙흐트] 지난밤

2313 **heute Abend** [호이테 아벤트] 오늘 저녁

2314 **das Morgengrauen** [모르겐그라우엔] 새벽

2315 **die Morgendämmerung** [모르겐대머룽] 여명

2316 **die Besorgnis** [베조르크니스] 고민
- Besorgnis erregen
  [베조르크니스 에어레-근]
  근심거리를 야기하다, 걱정하게 하다

2317 **das Leben** [레-븐] 삶

2318 **der Tod** [토-트] 죽음

2319 **das Ende** [엔데] 끝

2320 **der Anfang** [안팡] 시작

2321 **das Beste** [다스 베스테] 최고

2322 **das Schlimmste** [다스 슐림스테] 최악

2323 **der Erfolg** [에어폴크] 성공

2324 **der Misserfolg** [미스에어폴크] 실패

2325 **grübeln** [그뤼벨른] 골똘히 생각하다

2326 **die Feuchtigkeit** [포이히티히카이트] 습도

2327 **die Luft** [루프트] 공기

2328 **das Geräusch** [게로이쉬] 소음

2329 **geräuschlos** [게로이쉴로스] 소음 없는, 조용한

2330 **schlaflos** [슐라프로스] 잠이 오지 않는, 불면의

2331 **die Schlafstörung** [슐라프슈퇴룽] 수면 장애

2332 **der Schlafmangel** [슐라프망엘] 수면 부족

2333 **das Schlafmittel** [슐라프밋틀] 수면제

2334 **die Tür abschließen** [디 튀어 앞슐리-쓴]
문을 잠그다, 문단속하다

2335 **heutzutage** [호읻추타게] / **neuerdings** [노이어딩스] 요즘

2336 **der Mond** [몬-트] 달

2337 **die Sonne** [조네] 해, 태양

2338 **der Stern** [슈테른] 별

2339 **das Sternbild, _er** [슈테른빌트] 별자리

2340 **aufgehen** [아우프겐-] (해, 달, 별이) 뜨다
⋯▶ Der Mond geht auf.
[데어 몬트 게-트 아우프.]
달이 뜬다.

2341 **untergehen** [운터겐-] (해, 달, 별이) 지다
⋯▶ Die Sonne geht unter.
[디 조네 게트 운터.]
해가 지고 있다.

2342 **blinken** [블링큰] 반짝이다
⋯▶ Die Sterne blinken am Himmel.
[디 슈테르네 블링큰 암 힘믈.]
하늘에 별들이 반짝이고 있다.

2343 **die Gegenwart** [게근바르트] 현재

2344 **die Vergangenheit** [페어강은하이트] 과거

2345 **die Zukunft** [추쿤프트] 미래
⋯▶ Der beste Prophet der Zukunft ist die Vergangenheit.
[데어 베스테 프로페트 데어 추쿤프트 이스트 디 페어강은하이트]
미래의 가장 훌륭한 예언자는 과거이다.

2346 **schlafen gehen** [슐라픈 겐-] 자러 가다

2347 **ins Bett gehen** [인스 벹 겐-] /
zu Bett gehen [추 벹 겐-] 잠자리에 들다

2348 **Gute Nacht!** [구테 낙흐트!] 잘 자요!

2349 **Schlaf gut!** [슐라프 굳!] 잘 자!

2350 **Träum süß!** [트로임 쥐-스!] 좋은 꿈 꿔!

보충 단어

(1) 동물

das Tier 티어 동물
das Rind, _er 린트 소
der Ochse, _n 옥세 황소
die Kuh, Kühe 쿠- 암소
das Kalb, Kälber 칼프 송아지
das Huhn, Hühner 훈- 닭
der Hahn, Hähne 한- 수탉
die Henne, _n 헤네 암탉
die Ente, _n 엔테 오리
die Gans, Gänse 간스 거위
das Pferd, _e 페어트 말
das Schaf, _e 샤-프 양
die Ziege, _n 치-게 염소
der Bär, _en 베어 곰
der Hase, _n 하-제 토끼
die Schildkröte, _n 쉴트크뢰-테 거북
die Maus, Mäuse 마우스 쥐
der Fuchs, Füchse 푹스 여우

(2) 곡식 및 견과류

das Getreide 게트라이데 곡식
der Reis 라이스 쌀
die Gerste 게어스테 보리
der Weizen 바이첸 밀
der Mais 마이스 옥수수
die Bohne, _n 보-네 콩
die Reisbohne, _n 라이스보-네 팥
der Buchweizen 북흐바이첸 메밀
die Erbse, _n 에업세 완두콩
die Nuss 눠쎄 견과류
die Erdnuss, Erdnüsse 에어트누쓰 땅콩
die Walnuss, Walnüsse 발누쓰 호두
die Kastanie, _n 카스타니에 밤
die Mandel, _n 만들 아몬드

(3) 채소

das Gemüse 게뮤제 채소

die Gurke, _n 구어케 오이

die Zucchini 츅키니 애호박

dcr Kürbis, _sc 퀴어비스 호박

die Kartoffel, _n 카토펠 감자

die Süßkartoffel, _n 쥬쓰카토펠 /
die Batate, _n 바타-테 고구마

der Lauch, _e 라욱흐 파

die Zwiebel, _n 츠비벨 양파

der Pilz, _e 필츠 버섯

die Karotte, _n 카로테 /
die Möhre, _n 뫼-레 당근

die Brokkoli 브로콜리 pl. 브로콜리

der Kohl 콜- 양배추

der Kopfsalat 코프잘라트 양상추

der Chinakohl 히나콜- 배추

der Rettich, _e 레티히 무

der Knoblauch 크높라욱흐 마늘

der Spinat 슈피낱 시금치

die Paprika 파프리카 파프리카

die Petersilie 페테르질리에 파슬리

die Olive, _n 올리베 올리브

die Bohnensprossen 보넨슈프로쎈 pl. 콩나물

der chinesische Lauch 데어 히네지셰 라욱흐 부추

der Sellerie 젤러리- 셀러리

die Tomate, _n 토마테 토마토

die Aubergine, _n 오베르쥔- 가지

der Ingwer 잉버 생강

보충 단어 • 383

보충 단어

(4) 과일 및 열매

das Obst 옵스트 과일

die Frucht, Früchte 프룩흐트 과일, 열매

der Apfel, Äpfel 앞펠 사과

die Wassermelone, _n 바써멜로네 수박

die Melone, _n 멜로네 멜론

die Persimone, _n 페어지모네 감

die Traube, _n 트라우베 포도

die Birne, _n 비르네 배

der Pfirsich, _e 피르지히 복숭아

die Erdbeere, _n 에어트베레 딸기

die Pflaume, _n 플라우메 자두

die Mandarine, _n 만다리네 귤

die Ananas 아나나스 파인애플

die Zitrone, _n 치트로네 레몬

die Kiwi, _s 키비 키위

die Orange, _n 오랑줴 /
die Apfelsine, _n 앞펠지네 오렌지

die Banane, _n 바나네 바나나

die Kirsche, _n 키르셰 체리

(5) 식물

die Pflanze 플란체 식물

die Trichterwinde 트리히터빈데 나팔꽃

das Schleierkraut 슐라이어크라우트 안개꽃

die Chrysantheme 크리잔테메 국화

die wilde Chrysantheme 빌데 크리잔테메 들국화

die Kirschblüte 키어쉬블뤼테 벚꽃

das Maiglöckchen 마이글뢱헨 은방울꽃

das Veilchen 바일헨 제비꽃

der Löwenzahn 뢰벤찬- 민들레

die Azalee 아잘레 진달래

die Weinrose 바인로제 해당화

die Rose, _n 로제 장미

der Roseneibisch 로젠아이뷔쉬 /
der Hibiskus 히비스쿠스 무궁화

die Lilie 릴리에 백합

die Mohnblume 몬-블루메 양귀비

die Forsythie 포어쥐치에 개나리

(6) 인체

der Lotos 로토스 / die Seerose 제로제
연꽃

das Vergissmeinnicht
비어기쓰마인니히트 물망초

die Aster 아스터 과꽃

das Edelweiss 에들바이쓰 에델바이스

die Narzisse 나르치쎄 수선화

die Wasserlilie 바써릴리에 수련

der Kaktus 칵투스 선인장

das Schilf 쉴프 갈대

das Unkraut 운크라웃 잡초

der menschliche Körper
멘슐리헤 쾨르퍼 인체

der Kopf 코프 머리

das Haar, _e 하르 머리카락

das Gesicht 게지히트 얼굴

die Stirn 슈티른 이마

die Wange, _n 방에 /
die Backe, _n 박케 볼, 뺨

die Augenbraue, _n 아우겐브라우에
눈썹

das Auge, _n 아우게 눈

das Lid, _er 리트 눈꺼풀

die Wimper, _n 빔퍼 속눈썹

die Pupille, _n 푸필레 눈동자

das Ohr, _en 오어 귀

die Nase 나제 코

der Mund 문트 입

die Lippe, _n 립페 입술

die Zunge 충에 혀

der Hals 할스 목

보충 단어

die Kehle 켈-레 목구멍

der Zahn, Zähne 찬- 치아

das Kinn 킨 턱

der Bart, Bärte 바르트 수염

der Körper 쾨어퍼 몸

die Schulter, _n 슐터 어깨

die Brust 브루스트 가슴

der Bauch 바욱흐 배

der Nabel 나벨 배꼽

die Taille 탈예 허리

der Rücken 뤽큰 등

der Hintern 힌턴 엉덩이

der Oberschenkel 오버솅클 허벅지

der Arm, _e 아름 팔

der Ellbogen 엘보근 팔꿈치

die Hand, Hände 한트 손

die Handfläche, _n 한트플래헤 손바닥

der Handrücken 한트뤽큰 손등

das Handgelenk, _e 한트겔랭크 손목

der Finger 핑어 손가락

das Bein, _e 바인 다리

das Knie 크니 무릎

der Fuß, Füße 푸-쓰 발

das Fußgelenk 푸쓰겔랭크 발목

die Zehe, _n 체에 발가락

der Muskel 무스클 근육

das Blut 블루트 혈액

die Haut 하우트 피부

der Knochen 크녹흔 뼈

das Herz 헤어츠 심장

die Lunge 룽에 폐

der Magen 마-겐 위

die Leber 레-버 간

das Gehirn 게히른 뇌

der Nerv, _en 네어프 신경

(7) 가족

die Familie 파밀리에 가족

der Großvater 그로쓰파터 /
der Opa 오파 할아버지

die Großmutter 그로쓰무터 /
die Oma 오마 할머니

die Großeltern 그로쓰엘테른 pl. 조부모님

der Vater 파터 아버지

die Mutter 무터 어머니

die Eltern 엘테른 pl. 부모

die Schwester, _n 슈베스터 여자 형제

der Bruder, Brüder 브루더 남자 형제

die Geschwister 게슈비스터 pl. 형제자매

der Mann 만 남편

die Frau 프라우 아내

das Ehepaar 에-파 부부

der Sohn, Söhne 존- 아들

die Tochter, Töchter 톡흐터 딸

das Kind, _er 킨트 아이, 자녀

der Enkel 앵켈 /
der Enkelsohn 앵켈존- 손자

die Enkelin, _nen 앵켈린 /
die Enkeltochter 앵켈톡흐터 손녀

der Onkel 옹켈 삼촌, 백부, 숙부

die Tante, _n 탄테 숙모, 고모, 이모

der Cousin 쿠쟁 / der Vetter 펫터
남자 사촌

die Cousine, _n (= die Kusine)
쿠지네 여자 사촌

der Neffe, _n 네페 남자 조카

die Nichte, _n 니히테 여자 조카

der Schwiegervater 슈비거파터
시아버지, 장인

die Schwiegermutter 슈비거뭇터
시어머니, 장모

der Schwiegersohn 슈비거존- 사위

die Schwiegertochter 슈비거톡흐터
며느리

der Schwager 슈바거 처남, 매부, 형부,
제부, 시아주버니, 시동생, 동서

die Schwägerin, _nen 슈배거린
시누이, 올케, 처형, 처제, 형수, 제수, 동서

보충 단어 • 387

보충 단어

(8) 직업

der Beruf 베루프 직업

der Angestellte 데어 안게슈텔테 / ein Angestellter 아인 안게슈텔터 남자 회사원

die Angestellte 안게슈텔테 여자 회사원

der Lehrer 레-러 남자 선생님

die Lehrerin 레러린 여자 선생님

der Professor 프로페쏘어 / die Professorin 프로페쏘-린 교수

der Bankkaufmann 방카우프만 / die Bankkauffrau 방카우프라우 은행원

der Pianist 피아니스트 / die Pianistin 피아니스틴 피아니스트

der Koch 콕흐 / die Köchin 쾨힌 요리사

der Maler 말러 / die Malerin 말러린 화가

der Architekt 아히텍트 / die Architektin 아히텍틴 건축가

der Zimmermann 치머만 / die Zimmerfrau 치머프라우 목수

der Soldat 졸다트 / die Soldatin 졸다틴 군인

der Pfarrer 파-러 / die Pfarrerin 파러린 목사

der Polizist 폴리치스트 / die Polizistin 폴리치스틴 경찰

der Feuerwehrmann 포이어베어만 / die Feuerwehrfrau 포이어베어프라우 소방수

der Arzt 아-츠트 / die Ärztin 애어츠틴 의사

der Zahnarzt 찬아-츠트 / die Zahnärztin 찬애어츠틴 치과의사

der Krankenpfleger 크랑큰플레거 / die Krankenschwester 크랑큰슈베스터 간호사

der Apotheker 아포테커 / die Apothekerin 아포테커린 약사

der Flugbegleiter 플룩베글라이터 / die Flugbegleiterin 플룩베글라이터린 항공 승무원

der Pilot 필롣 / die Pilotin 필로틴 파일럿

der Friseur (= Frisör) 프리죄어 / die Friseuse(= Frisörin) 프리죄제 (= 프리죄린) 미용사, 이발사

(9) 숫자

der Ansager 안자거 /
die Ansagerin 안자거린 아나운서

der Entertainer 엔터테이너 /
die Entertainerin 엔터테이너린 연예인

der Schauspieler 샤우슈필러 /
die Schauspielerin 샤우슈필러린 배우

der Sänger 쟁어 /
die Sängerin 쟁어린 가수

der Politiker 폴리티커 /
die Politikerin 폴리티커린 정치가

der Rechtsanwalt 레히츠안발트 /
die Rechtsanwältin 레히츠안벨틴
변호사

der Journalist 주날리스트 /
die Journalistin 주날리스틴 기자, 언론인

der Designer 디자이너 /
die Designerin 디자이너린 디자이너

der Beamte 데어 베암테 / ein Beamter
아인 베암터 / die Beamtin 베암틴 공무원

der Bauer 바우어 /
die Bäuerin 보이어린 농부

der Hausmann 하우스만 /
die Hausfrau 하우스프라우 가정주부

die Zahl, _en 찰- 숫자

null 눌 0

eins 아인스 1

zwei 츠바이 2

drei 드라이 3

vier 피어 4

fünf 퓐프 5

sechs 젝스 6

sieben 지-븐 7

acht 악흐트 8

neun 노인 9

zehn 첸- 10

elf 엘프 11

zwölf 츠뵐프 12

dreizehn 드라이첸- 13

vierzehn 피어첸- 14

fünfzehn 퓐프첸- 15

sechzehn 제히첸- 16

siebzehn 집첸- 17

보충 단어

achtzehn 악흐첸- 18

neunzehn 노인첸- 19

zwanzig 츠반치히 20

einundzwanzig 아인운(트)츠반치히 21

zweiundzwanzig 츠바이운(트)츠반치히 22

dreiundzwanzig 드라이운(트)츠반치히 23

vierundzwanzig 피어운(트)츠반치히 24

fünfundzwanzig 퓐프운(트)츠반치히 25

sechsundzwanzig 젝스운(트)츠반치히 26

siebenundzwanzig 지븐운(트)츠반치히 27

achtundzwannzig 악흐트운(트)츠반치히 28

neunundzwanzig 노인운(트)츠반치히 29

dreißig 드라이씨히 30

einunddreißig 아인운(트)드라이씨히 31

vierzig 피어치히 40

dreiundvierzig 드라이운(트)피어치히 43

fünfzig 퓐프치히 50

achtundfünfzig 악흐트운(트)퓐프치히 58

sechzig 제히치히 60

siebzig 짚치히 70

achtzig 악흐치히 80

neunzig 노인치히 90

neunundneunzig 노인운(트)노인치히 99

(ein)hundert 훈더트 100

hundertfünfzig 훈더트퓐프치히 150

dreihundert 드라이훈더트 300

tausend 타우젠트 1000

eine Million 아이네 밀리온 1,000,000

zwei Millionen 츠바이 밀리오넨 2,000,000

erst 에어스트 최초의, 첫 번째의

zweit 츠바이트 두 번째의

dritt 드리트 세 번째의

viert 피어트 네 번째의

fünft 퓐프트 다섯 번째의

(10) 날씨

das Wetter 베터 날씨

sonnig 조니히 해가 쨍쨍한

wolkig 볼키히 구름이 낀

regnerisch 레크너리쉬 비가 올 듯한, 비구름이 낀

der Dauerregen 다우어레겐 장마

die Luftfeuchtigkeit 루프트포이히티히카이트 습도

der Orkan 오르칸 태풍

das Erdbeben 에어트베-븐 지진

sieben Farben des Regenbogens 지벤 파르벤 데스 레겐보근스 무지개 일곱 색

vier Jahreszeiten 피어 야레스차이튼 사계절

der Frühling 프륄-링 봄

der Sommer 좀머 여름

der Herbst 헤업스트 가을

der Winter 빈터 겨울

der Hochsommer 호흐좀머 한여름

(11) 요일 및 시간

der Wochentag, _e 보헨탁 - 요일

der Montag 몬탁 월요일

der Dienstag 딘스탁 화요일

der Mittwoch 미트복흐 수요일

der Donnerstag 도너스탁 목요일

der Freitag 프라이탁 금요일

der Samstag 잠스탁 /
der Sonnabend 존아벤트 토요일

der Sonntag 존탁 일요일

das Wochenende 보흔엔데 주말

der Werktag 베어크탁 평일

die Zeit 차이트 시간

der Morgen 모르겐 아침

der Vormittag 포어밑탁 오전

der Mittag 밑탁 정오, 낮

der Nachmittag 낙흐밑탁 오후

der Abend 아벤트 저녁

die Nacht 낙흐트 밤

die Mitternacht 밑터낙흐트 한밤중

보충 단어 • 391

보충 단어

heute Morgen 호이테 모르겐 오늘 아침

gestern Abend 게스턴 아-벤트 어제 저녁

heute Nacht 호이테 낙흐트 오늘밤

gegen Abend 게겐 아벤트 저녁 무렵

jeden Morgen 예든 모르겐 매일 아침

jeden Abend 예든 아벤트 저녁마다

jeden Tag 예든 탁 매일

jede Woche 예데 복헤 매주

jeden Monat 예든 모나트 매월

jedes Jahr 예데스 야-(르) 매년

vorgestern 포어게스턴 그저께

gestern 게스턴 어제

heute 호이테 오늘

morgen 모르겐 내일

übermorgen 유버모르겐 모레

diese Woche 디제 복헤 이번 주

nächste Woche 내히스테 복헤 다음 주

übernächste Woche 위버내히스테 복헤 다다음 주

letzte Woche 레츠테 복헤 / vorige Woche 포리게 복헤 지난주

vorletzte Woche 포어레츠테 복헤 지지난주

diesen Monat 디젠 모나트 이번 달

nächsten Monat 내히스텐 모나트 다음 달

übernächsten Monat 위버내히스텐 모나트 다다음 달

letzten Monat 레츠텐 모나트 / vorigen Monat 포리겐 모나트 지난달

vorletzten Monat 포어레츠텐 모나트 지지난달

dieses Jahr 디제스 야-(르) 올해

nächstes Jahr 내히스테스 야-(르) 내년

übernächstes Jahr 유버내히스테스 야-(르) 내후년

letztes Jahr 레츠테스 야-(르) / voriges Jahr 포리게스 야-(르) 작년

vorletztes Jahr 포어레츠테스 야-(르) 재작년

drei Uhr 드라이 우어 / drei (Uhr) 세 시 (3:00)

drei Uhr fünf 드라이 우어 퓐프 / fünf nach drei 퓐프 낙흐 드라이 3:05

drei Uhr zehn 드라이 우어 첸 / zehn nach drei 첸 낙흐 드라이 3:10

drei Uhr fünfzehn 드라이 우어 퓐프첸 / (ein) Viertel nach drei 피어틀 낙흐 드라이 3:15

drei Uhr zwanzig 드라이 우어 츠반치히 / zwanzig nach drei (= zehn vor halb vier) 츠반치히 낙흐 드라이 (= 첸 포어 할프 피어) 3:20

drei Uhr fünfundzwanzig 드라이 우어 퓐프운트츠반치히 / fünf vor halb vier 퓐프 포어 할프 피어 3:25

drei Uhr dreißig 드라이 우어 드라이씨히 / halb vier 할프 피어 3:30

drei Uhr fünfunddreißig 드라이 우어 퓐프운트드라이씨히 / fünf nach halb vier 퓐프 낙흐 할프 피어 3:35

drei Uhr vierzig 드라이 우어 피어치히 / zwanzig vor vier (= zehn nach halb vier) 츠반치히 포어 피어 (= 첸 낙흐 할프 피어) 3:40

drei Uhr fünfundvierzig 드라이 우어 퓐프운트피어치히 / (ein) Viertel vor vier 피어틀 포어 피어 3:45

drei Uhr fünfzig 드라이 우어 퓐프치히 / zehn vor vier 첸 포어 피어 3:50

drei Uhr fünfundfünfzig 드라이 우어 퓐프운트퓐프치히 / fünf vor vier 퓐프 포어 피어 3:55

eine Stunde 아이네 슈툰데 한 시간

halb 할프 절반의

eine halbe Stunde 아이네 할베 슈툰데 30분

zwei Stunden 츠바이 슈툰덴 두 시간

eine Minute 아이네 미누-테 1분

fünf Minuten 퓐프 미누-텐 5분

eine Sekunde 아이네 제쿤데 1초

dreißig Sekunden 드라이씨히 제쿤덴 30초

보충 단어

(12) 위치

die Position 포지치온 – 위치

oben 오븐 위에

unten 운튼 아래에

innen 이는 안에

außen 아우쓴 밖에

mitten 미튼 가운데

vorn 포른 앞에

hinten 힌튼 뒤에

rechts 레히츠 오른쪽에

links 링크스 왼쪽에

neben 네-벤 ~옆에

vor 포어 ~앞에

hinter 힌터 ~뒤에

über 위버 ~위에

auf 아우프 ~위에

unter 운터 ~아래에

in 인 ~안에

zwischen 츠비셴 ~사이에

die Oberseite 오버자이테 위쪽

die Unterseite 운터자이테 아래쪽

die Innenseite 이넨자이테 안쪽

die Außenseite 아우쓴자이테 바깥쪽

die Vorderseite 포어더자이테 앞쪽

die Hinterseite 힌터자이테 뒤쪽

die Nähe 내-에 가까움, 근처

die Ecke 엑케 구석

die Mitte 밋테 중심, 가운데

der Osten 오스튼 동

der Westen 베스튼 서

der Süden 쥐든 남

der Norden 노어든 북

(13) 건물 및 상점

das Gebäude 게보이데 건물

die Jugendherberge 유겐트헤어베어게 유스호스텔

die Rundfunkanstalt 룬트풍크안슈탈트 방송국

die Polizei 폴리차이 경찰서

die Feuerwehr 포이어베어 소방서

das Krankenhaus 크랑큰하우스 병원

das Kaufhaus 카우프하우스 백화점

das Restaurant 레스토랑 식당

das Museum 무제움 박물관

die Gemäldegalerie 게맬데갈레리 미술관

die Botschaft 보트샤프트 대사관

das Hotel 호텔 호텔

die Pension 팡지온 여관

die Polizeidienststelle 폴리차이딘스트슈텔레 /
die Polizeiwache 폴리차이박헤 파출소

das Reisebüro 라이제뷰로 여행사

die Buchhandlung 북흐한들룽 서점

der Tempel 템플 절, 사원

die Kirche 키르혜 교회

der Dom 돔 대성당

die Tankstelle 탕크슈텔레 주유소

die SB(Selbstbedienung)-Tankstelle 에스베(젤프스트베디눙) - 탕크슈텔레 셀프 주유소

das Einwohnermeldeamt 아인보너멜데암트 주민등록관청

das Finanzamt 피난츠암트 세무서

der Bahnhof 반-호프 기차역

der Markt 마어크트 시장

das Geschäft 게셰프트 /
der Laden 라-든 상점, 가게

das Blumengeschäft 블루멘게셰프트 꽃 가게

das Gemüsegeschäft 게뮤제게셰프트 채소 가게

der Friseursalon 프리죄어살롱 이발소, 미용실

das Fotostudio 포토슈투디오 사진관

der Optiker 옵틱커 안경점

보충 단어

(14) 대륙 및 국가

der Fischladen 피쉬라-든 생선 가게

die Metzgerei 메츠거라이 정육점

das Obstgeschäft 옵스트게셰프트 과일 가게

die Bäckerei 백커라이 빵집

die Konditorei 콘디토라이 제과점

der Supermarkt 주퍼마어크트 슈퍼마켓

der Schreibwarenladen 슈라입바렌라-든 문구점

die Maklerei 마클러라이 부동산 중개업소

das Café 카페 카페

die Reinigung 라이니궁 / die Wäscherei 배셔라이 세탁소

der Waschsalon 바쉬살롱 빨래방

das Juweliergeschäft 유벨리어게셰프트 보석상

der Kontinent, _e 콘티넨트 대륙

Asien 아지엔 아시아

Europa 오이로파 유럽

Afrika 아프리카 아프리카

Nordamerika 노르트아메리카 북아메리카

Südamerika 쥐트아메리카 남아메리카

Ozeanien 오체아니엔 오세아니아

der Pazifische Ozean 데어 파치피셰 오체안- / der Pazifik 파치픽 태평양

der Atlantik 아틀란틱 / der Atlantische Ozean 데어 아틀란티셰 오체안- 대서양

der Indische Ozean 데어 인디셰 오체안- 인도양

der Staat, _en 슈타-트 국가

Korea 코레아 한국

Deutschland 도이취란트 독일

Japan 야판 일본

China 히나 중국

Indien 인디엔 인도

Thailand 타일란트 태국

Indonesien 인도네지엔 인도네시아

die Türkei 튀르카이 터키

Saudi-Arabien 자우디아라비엔 사우디아라비아

Russland 루쓰란트 러시아

die USA 우에스아 / die Vereinigten Staaten von Amerika 디 페어아이닉튼 슈타-튼 폰 아메리카 미국

Kanada 카나다 캐나다

Mexiko 멕시코 멕시코

Österreich 외스터라이히 오스트리아

die Schweiz 디 슈바이츠 스위스

England 앵란트 영국

Frankreich 프랑크라이히 프랑스

Italien 이탈리엔 이탈리아

die Niederlande 니더란데 네덜란드

Spanien 슈파니엔 스페인

Griechenland 그리헨란트 그리스

Finnland 핀란트 핀란드

Norwegen 노르베근 노르웨이

Portugal 포어투갈 포르투갈

Ägypten 애귑튼 이집트

Äthiopien 애티오피엔 에티오피아

Brasilien 브라질리엔 브라질

Argentinien 아르겐티니엔 아르헨티나

Chile 칠레 칠레

Australien 아우스트랄리엔 호주

Neuseeland 노이제란트 뉴질랜드

die deutschsprachigen Länder 디 도이취슈프락히겐 랜더 독일어 사용 국가들

die Politik 폴리틱 정치

der König 쾨니히 왕

die Königin 쾨니긴 여왕

die Republik 레푸블릭 공화국

die Bundesrepublik 분데스레푸블릭 (독일) 연방공화국

보충단어

(15) 스포츠

der Sport 슈포어트 스포츠
Baseball 베이스볼 야구
Basketball 바스켙발 농구
Volleyball 볼리발 배구
Golf 골프 골프
Tischtennis 티슈테니스 탁구
Tennis 테니스 테니스
Badminton 배드민턴 배드민턴
Radsport 라트슈포트 사이클
Marathon 마라톤 마라톤
Judo 유도 유도
Ringkampf 링캄프 레슬링
Bowling 보울링 볼링
Skifahren 쉬파-른 스키
Turnen 투어는 체조
Schwimmen 슈비믄 수영
Eiskunstlaufen 아이스쿤스트라우픈 /
Eiskunstlauf 아이스쿤스트라우프
피겨스케이팅

Fechten 페히튼 펜싱

(16) 교과목

das Schulfach, Schulfächer
슐팍흐 교과목
Koreanisch 코레아니쉬 한국어
Deutsch 도이취 독일어
Englisch 엥리쉬 영어
Mathematik 마테마틱 수학
Arithmetik 아리트메틱 산수, 산술
Kunst 쿤스트 미술
Musik 무직 음악
Biologie 비올로기 생물학
Physik 피직 물리학
Chemie 헤미 화학
Erdkunde 에어트쿤데 지리
Geschichte 게쉬히테 역사
Weltgeschichte 벨트게쉬히테 세계사
Sozialkunde 조치알쿤데 사회
Politik 폴리틱 정치
Wirtschaftslehre 비어트샤프츠레레 경제

(17) 정치

die Politik 폴리틱 정치

der Staat 슈타-트 국가

die Regierung 레기-룽 정부

der Präsident 프레지덴트 대통령

der Premierminister 프르미에르미니스터 총리

das Ministerium, Ministerien 미니스테리움 행정부처

das Innenministerium 이넨미니스테리움 내무부

der Minister 미니스터 장관

der Innenminister 이넨미니스터 내무부장관

der Außenminister 아우쓴미니스터 외무부장관

der Finanzminister 피난츠미니스터 재무부장관

die Verwaltung 페어발퉁 행정

die Partei, _en 파르타이 정당

das Parlament 파를라멘트 의회

der Bundestag 분데스탁 (독일) 연방의회

der Diplomat, _en 디플로마트 외교관

der Abgeordnete, ein Abgeordneter 데어 앞게오어드네테, 아인 앞게오어드네터 남자 국회의원

die Abgeordnete 앞게오어드네테 여자 국회의원

부록

찾아보기

찾아보기 (뒤의 번호는 페이지 번호입니다)

A

- Aal ········· 162
- ab ········· 39
- ab ········· 259
- abbauen ········· 254
- abbinden ········· 338
- Abfassung ········· 134
- abgerissen ········· 202
- abgucken ········· 142
- abheben ········· 299
- abheben ········· 296
- Abitur ········· 119
- ablaufen ········· 212
- ablegen ········· 255
- ablehnen ········· 267
- Abnahme ········· 302
- abnehmen ········· 369
- abnehmen ········· 213
- Abpfiff ········· 171
- Absatz ········· 213
- Absatzmarkt ········· 213
- Abschied ········· 233
- Abschiedszuschuss ········· 110
- abschließen ········· 379
- abschreiben ········· 144
- Abseits ········· 171
- Absender ········· 319
- Absicht ········· 137
- absichtlich ········· 172
- absolvieren ········· 123
- Absolvierung ········· 119
- Abteilungsleiter ········· 132
- Abteilungsleiterin ········· 132
- abtrocknen ········· 23
- Abwesenheit ········· 140
- achten ········· 258
- Achterbahn ········· 252
- Adresse ········· 319
- ähneln ········· 237
- Akademiker ········· 123
- Akte ········· 104
- Aktenordner ········· 104
- Aktenschachtel ········· 104
- Aktie ········· 298
- aktiv ········· 298
- aktuell ········· 355
- Alkohol ········· 159
- alkoholfrei ········· 161
- allein ········· 276
- Allergie ········· 313
- allmählich ········· 300
- allmählich ········· 246
- Alptraum ········· 375
- alt ········· 340
- alt ········· 233
- Alter ········· 257
- Altersgrenze ········· 258
- altmodisch ········· 187
- am besten ········· 17
- am Morgen ········· 14
- am schlechtesten ········· 17
- Ampel ········· 79
- amüsieren ········· 232
- anbieten ········· 91
- ändern ········· 136
- Anfang ········· 378
- anfangen ········· 130
- anfeuern ········· 170
- Angelegenheit ········· 135
- angeln ········· 362
- angenehm ········· 269
- Angestellte ········· 105
- Angestellter ········· 132
- Angestellter ········· 105
- Anhänger ········· 170
- anklicken ········· 359
- anklopfen ········· 341
- ankommen ········· 81
- anlegen ········· 302

- anmachen ... 338
- anmalen ... 45
- annähen ... 39
- Anorak ... 37
- Anpfiff ... 171
- anprobieren ... 289
- Ansager ... 351
- Anschlagbrett ... 116
- Anschluss ... 362
- Anschrift ... 319
- anstecken ... 32
- Antagonist ... 249
- Antiquität ... 140
- Antwort ... 322
- antworten ... 141
- Anwesenheit ... 140
- anziehen ... 31
- Anzug ... 34
- Apfelkuchen ... 151
- Apotheke ... 307
- Apotheker ... 309
- Apothekerin ... 309
- Appartementhaus ... 340
- Appetit ... 65
- Arbeit ... 128
- arbeiten ... 106
- Arbeitgeber ... 110
- Arbeitnehmer ... 110
- Arbeitsbelastung ... 135
- Arbeitsloser ... 109
- Arbeitsloser ... 367
- Arbeitslosigkeit ... 109
- Arbeitsplan ... 102
- Arbeitszimmer ... 185
- ärgern ... 248
- arm ... 301
- Armband ... 288
- Armbanduhr ... 33
- Ärmel ... 30
- ärmellos ... 36
- Armlehne ... 189
- Artikel ... 212
- Arzt ... 307
- Aschenbecher ... 188
- Assistant ... 145
- Ast ... 74
- Attest ... 308
- attraktiv ... 238
- aufbewahren ... 212
- Aufführung ... 247
- aufgehen ... 380
- aufgeräumt ... 50
- aufhängen ... 201
- aufheben ... 196
- Aufnahme ... 274
- aufräumen ... 14
- aufschlagen ... 49
- aufschreiben ... 144
- aufstehen ... 13
- auftragen ... 45
- Auftreten ... 351
- Auftritt ... 351
- aufwachen ... 13
- aufwendig ... 293
- Aufzug ... 285
- Aufzug ... 72
- Augenklinik ... 310
- August ... 14
- ausbringen ... 158
- ausbügeln ... 205
- Ausflug ... 256
- Ausflugsort ... 256
- Ausfuhr ... 213
- ausführlich ... 323
- ausfüllen ... 137
- Ausgabe ... 301
- Ausgang ... 73
- Ausgang ... 92
- ausgehen ... 245
- Ausland ... 352

찾아보기 〈뒤의 번호는 페이지 번호입니다〉

찾아보기 (뒤의 번호는 페이지 번호입니다)

- ausmachen ········· 341
- Ausreise ········· 99
- ausreißen ········· 75
- ausruhen ········· 375
- ausschalten ········· 193
- ausschlafen ········· 16
- Ausschnitt ········· 36
- aussehend ········· 238
- Außenspiegel ········· 273
- aussteigen ········· 93
- Ausstellung ········· 247
- Ausstiegknopf ········· 94
- aussuchen ········· 332
- Austauschstudent ········· 145
- Austauschstudentin ········· 145
- Auster ········· 163
- Ausverkauf ········· 210
- ausverkauft ········· 212
- auswendig ········· 118
- auswringen ········· 194
- auszahlen ········· 299
- ausziehen ········· 338
- ausziehen ········· 197
- authentisch ········· 292
- Authentizität ········· 292
- Auto ········· 272
- Autobahn ········· 277
- Autokennzeichen ········· 279

B

- Bachelor ········· 122
- Backofen ········· 218
- Bad ········· 23
- Bad ········· 366
- Badeanzug ········· 175
- Badehose ········· 175
- Badekappe ········· 175
- Bademantel ········· 367
- Bademütze ········· 175
- baden ········· 367
- Badeschwamm ········· 368
- Badetuch ········· 367
- Badewanne ········· 366
- Badezimmer ········· 23
- Bahnbeamte ········· 92
- Bahnbeamter ········· 92
- Bahnbeamtin ········· 92
- bald ········· 376
- Balkon ········· 184
- Ball ········· 169
- Ballon ········· 262
- Band ········· 265
- Bank ········· 254
- Bank ········· 296
- Bankangestellter ········· 297
- Bargeld ········· 208
- Bart ········· 24
- Batterie ········· 278
- Bauchschmerzen ········· 313
- bauen ········· 343
- Baum ········· 72
- Baumwolle ········· 205
- Becher ········· 57
- bedauern ········· 312
- bedienen ········· 330
- Bedienung ········· 330
- beenden ········· 130
- befeuchten ········· 194
- Befinden ········· 111
- Beförderung ········· 111
- befreundet ········· 232
- beginnen ········· 130
- begleiten ········· 264
- Behandlung ········· 307
- Beilage ········· 61
- Beilage ········· 158
- Bekannte ········· 85
- Bekannter ········· 85
- Bekannter ········· 85

□ beklagen	333
□ belästigen	268
□ Benzin	278
□ bequem	82
□ bequem	339
□ bequem	376
□ Berg	273
□ Bergsteigen	360
□ bergsteigen	360
□ Berufsausbildung	144
□ Berufsschule	119
□ beruhigen	342
□ berühmt	255
□ berühren	322
□ beschäftigt	107
□ bescheiden	237
□ Besen	192
□ besetzt	98
□ besichtigen	273
□ besonders	331
□ Besorgnis	377
□ Besprechung	297
□ besser	17
□ Besserung	315
□ bestätigen	130
□ Beste	378
□ Besteck	63
□ bestehen	143
□ bestellen	326
□ Bestellung	326
□ bestimmt	311
□ Bestseller	351
□ Besuch	262
□ besuchen	265
□ betragen	323
□ Betrieb	213
□ betrügen	238
□ betrunken	159
□ Bett	14
□ Betttuch	13
□ Bettwäsche	13
□ bewegen	247
□ BH (= Büstenhalter)	37
□ Bibliothek	116
□ Bidet	22
□ biegen	80
□ Bier	159
□ Bier	161
□ Bierkrug	159
□ Bikini	175
□ Bild	360
□ Dilderrahmen	183
□ Bildung	144
□ billig	286
□ bitte	332
□ bitten	331
□ bitten	230
□ bitter	59
□ blanchieren	221
□ Blatt	74
□ blau	290
□ Bleichmittel	201
□ Bleistift	48
□ Bleistiftspitzer	49
□ Blick	232
□ blinken	380
□ Blog	359
□ Blume	72
□ Blume	266
□ Blumenbeet	75
□ Blumenstecken	360
□ Blumenstrauss	266
□ Blumentopf	189
□ Bluse	30
□ Blutdruck	307
□ Blutgruppe	311
□ Boden	74
□ Bodenwischer	192
□ Bohnerbesen	195
□ Bonbon	262

찾아보기 (뒤의 번호는 페이지 번호입니다)

찾아보기 (뒤의 번호는 페이지 번호입니다)

- Bonus — 108
- Bookmark — 361
- Boot — 255
- Bordkarte — 99
- Börse — 299
- botanisch — 255
- Brandwunde — 314
- braten — 221
- Bratfisch — 61
- Bratkartoffeln — 163
- Bratwurst — 152
- braun — 291
- braun — 292
- bräunen — 221
- breit — 186
- Bremse — 274
- Brief — 319
- Briefkasten — 320
- Briefkasten — 73
- Briefmarke — 319
- Briefpapier — 319
- Briefträger — 320
- Briefumschlag — 319
- Brille — 12
- Bronze-Medaille — 177
- Brosche — 289
- Brot — 56
- Brötchen — 56
- Brummschädel — 160
- Brunnen — 252
- Brustschwimmen — 175
- Buch — 48
- Bücherregal — 48
- Bücherschrank — 51
- Buchung — 245
- Bügelbrett — 204
- Bügeleisen — 202
- bügeln — 202
- bunt — 290
- Büro — 104
- Bürochef — 132
- Bürste — 45
- Bus — 94
- Busfahrer — 94
- Busfahrplan — 94
- Busfahrpreis — 94
- Bushaltestelle — 94
- Buslinie — 94
- Butter — 57

C

- Cafeteria — 329
- Cape — 36
- CD-Player — 185
- Cent — 298
- Chance — 267
- Chat — 359
- Check-in — 99
- Cheeseburger — 148
- Chef — 132
- Chefkoch — 329
- Chefköchin — 330
- chinesisch — 328
- Chirurgische Klinik — 309
- Cocktail — 159
- Codeschloss — 70
- Cola — 149
- Computer — 358
- Computerspielsucht — 361
- Coupon — 209
- Curry — 150
- Currywurst — 148

D

- Dach — 73
- Dach — 272
- Dachterrasse — 73
- Damenmode — 285

- Dampf ········ 366
- Dampfbügeleisen ········ 204
- dämpfen ········ 221
- Dankbarkeit ········ 269
- danken ········ 268
- Darsteller ········ 351
- Date ········ 230
- Daten ········ 362
- Datenübertragung ········ 362
- Dauerkarte ········ 91
- dauern ········ 81
- Dauerwelle ········ 46
- Decke ········ 13
- Decke ········ 374
- Deckel ········ 220
- denken ········ 145
- Desinfektion ········ 312
- Desinfektionsmittel ········ 314
- deutsch ········ 328
- Devisen ········ 298
- Devisenkurs ········ 102
- Diamant ········ 288
- Diät ········ 369
- dick ········ 352
- dick ········ 368
- Dieb ········ 302
- Dienst ········ 106
- Dienststunden ········ 111
- Digitalkamera ········ 253
- Diplom ········ 122
- Direktor ········ 132
- Discounter ········ 288
- Diskussion ········ 128
- Diskussionsgegenstand ········ 102
- Do(ugh)nut ········ 151
- Doktor ········ 122
- Dokumentarfilm ········ 244
- Dollar ········ 298
- Doppelbett ········ 15
- Doppel-Hamburger ········ 148

- doppelt ········ 331
- Dorf ········ 341
- Dorf ········ 84
- dösen ········ 96
- Dosenbier ········ 161
- Dosenöffner ········ 225
- Dotter ········ 223
- Dozent ········ 140
- Dozentin ········ 140
- draußen ········ 186
- Drehstuhl ········ 105
- Dreizimmerwohnung ········ 340
- dritt ········ 143
- drücken ········ 274
- Drucksache ········ 321
- Drucktopf ········ 219
- Duft ········ 371
- duften ········ 371
- dunkel ········ 186
- dunkelblau ········ 291
- Dunkelheit ········ 355
- dünn ········ 368
- dünn ········ 352
- Durchfall ········ 314
- durchgebraten ········ 38
- Durst ········ 64
- durstig ········ 64
- Dusche ········ 23
- Dusche ········ 366
- duschen ········ 366
- Duschgel ········ 367
- Duschhaube ········ 367
- Duschvorhang ········ 367
- DVD-Player ········ 185

E

- echt ········ 235
- echt ········ 292
- Ecke ········ 78

찾아보기 (뒤의 번호는 페이지 번호입니다)

찾아보기 (뒤의 번호는 페이지 번호입니다)

- Edelstein ········ 288
- Ehepaar ········ 234
- Ei ········ 60
- eifrig ········ 358
- Eigentum ········ 302
- eilen ········ 144
- Eilsendung ········ 321
- Eilzustellung ········ 321
- Eimer ········ 192
- Einbahnstraße ········ 84
- Einbauschrank ········ 33
- Einchecken ········ 99
- Eindruck ········ 232
- einfach ········ 98
- Einfahrt ········ 97
- einfallen ········ 145
- Einfuhr ········ 213
- Eingang ········ 73
- Eingang ········ 92
- eingeben ········ 362
- einige ········ 293
- Einkaufen ········ 208
- Einkaufskorb ········ 209
- Einkaufswagen ········ 209
- Einkaufszentrum ········ 286
- Einkommen ········ 301
- einladen ········ 333
- Einladung ········ 263
- Einladungskarte ········ 264
- einnehmen ········ 315
- Einnicken ········ 278
- einpacken ········ 292
- einpacken ········ 318
- Einreise ········ 99
- einrichten ········ 189
- Einrichtung ········ 189
- einsam ········ 245
- Einsamkeit ········ 246
- einschalten ········ 193
- einschlafen ········ 374
- einschläfern ········ 376
- Einschreiben ········ 321
- Einschulung ········ 118
- einseitig ········ 235
- einsteigen ········ 93
- Eintagesreise ········ 277
- Eintritt ········ 97
- Eintrittskarte ········ 243
- Eintrittspreis ········ 253
- Einwegbecher ········ 63
- einzahlen ········ 296
- Einzelbett ········ 15
- einziehen ········ 155
- Eis ········ 262
- Eis ········ 162
- Eiscreme ········ 262
- Eiskaffee ········ 149
- Eiswasser ········ 326
- Eiweiß ········ 223
- Eiweiß ········ 154
- Elektroherd ········ 218
- Elektronik ········ 284
- Elektrozahnbürste ········ 20
- Elfmeter ········ 171
- Elfmeterschießen ········ 171
- E-Mail ········ 359
- E-Mail-Adresse ········ 359
- empfangen ········ 264
- Empfänger ········ 319
- Empfänger ········ 319
- empfehlen ········ 326
- Ende ········ 377
- enden ········ 130
- eng ········ 186
- entfernen ········ 205
- Entlassung ········ 309
- Entlassung ········ 110
- entnehmen ········ 299
- entscheiden ········ 32
- entschuldigen ········ 266

☐ entspannt	339
☐ erbrechen	312
☐ Erdbeergeschmack	155
☐ Erde	74
☐ Erdgeschoss	287
☐ Erfolg	378
☐ erfrischen	370
☐ erkälten	312
☐ Erkältung	307
☐ Ernährung	64
☐ erreichen	136
☐ erschöpft	339
☐ Ersparen	296
☐ Erstaufführung	245
☐ Erstsemester	120
☐ Erwachsene	257
☐ Erwachsenenbildung	256
☐ Erwachsener	257
☐ Erwachsener	257
☐ Essen	308
☐ essen	58
☐ Essensreste	194
☐ Essig	223
☐ Essstäbchen	61
☐ Esstisch	56
☐ Etage	287
☐ Etagenbett	15
☐ Etikett	211
☐ Euro	298
☐ Examen	142
☐ exklusiv	189
☐ Export	213
☐ extra	332

F

☐ Fachhochschule	120
☐ Faden	202
☐ Fahrbahn	277
☐ fahren	272
☐ Fahrerflucht	278
☐ Fahrersitz	272
☐ Fahrkarte	98
☐ Fahrkarte	91
☐ Fahrkartenautomat	92
☐ Fahrkartenkontrolle	97
☐ Fahrkartenkontrolleur	97
☐ Fahrkartenschalter	92
☐ Fahrrad	84
☐ Fahrradweg	84
☐ Fahrstreifen	277
☐ Fahrstuhl	285
☐ Fakultät	121
☐ fallen	75
☐ fallen	331
☐ falsch	144
☐ Falte	204
☐ Familienfoto	185
☐ Familienstand	239
☐ Fan	170
☐ fantastisch	275
☐ Farbe	290
☐ färben	46
☐ Faser	205
☐ Fass	159
☐ Fassbier	159
☐ Fast Food Restaurant	148
☐ Fastfood	151
☐ Faxgerät	131
☐ Federmäppchen	48
☐ fegen	194
☐ Feierabend	107
☐ Feiertag	108
☐ Feld	274
☐ Fenster	195
☐ Ferienarbeit	121
☐ Fernbedienung	349
☐ Fernsehen	348
☐ fernsehen	348
☐ Fernseher	348

찾아보기 (뒤의 번호는 페이지 번호입니다)

- Fernsehsendung ⋯⋯ 349
- Fernsehserie ⋯⋯ 348
- fest ⋯⋯ 376
- Fest ⋯⋯ 355
- fett ⋯⋯ 368
- Fett ⋯⋯ 154
- fettarm ⋯⋯ 154
- fettig ⋯⋯ 154
- fettig ⋯⋯ 25
- Feuchtigkeit ⋯⋯ 378
- Feuer ⋯⋯ 219
- Feuerwerk ⋯⋯ 254
- Feuerzeug ⋯⋯ 188
- Fieber ⋯⋯ 306
- Fiebermittel ⋯⋯ 314
- Filiale ⋯⋯ 299
- Film ⋯⋯ 242
- Filmaufnahme ⋯⋯ 249
- Filmfestival ⋯⋯ 249
- Filmvorführung ⋯⋯ 242
- Finale ⋯⋯ 168
- Finanzen ⋯⋯ 303
- finanzieren ⋯⋯ 303
- finden ⋯⋯ 50
- Firmenchef ⋯⋯ 131
- Fisch ⋯⋯ 61
- Fisch ⋯⋯ 162
- Fischfilet ⋯⋯ 61
- Flagge ⋯⋯ 171
- Flaschenbier ⋯⋯ 160
- Flaschenöffner ⋯⋯ 158
- Fleck(en) ⋯⋯ 200
- Fleisch ⋯⋯ 62
- fleischarm ⋯⋯ 332
- Fleischliebhaber ⋯⋯ 332
- fleischlos ⋯⋯ 332
- flicken ⋯⋯ 203
- fliegen ⋯⋯ 99
- fließen ⋯⋯ 367
- Flughafen ⋯⋯ 98
- Flugzeug ⋯⋯ 98
- Flur ⋯⋯ 73
- Fluss ⋯⋯ 273
- Föhn ⋯⋯ 47
- Form ⋯⋯ 322
- Formular ⋯⋯ 137
- Foto ⋯⋯ 253
- fotografieren ⋯⋯ 255
- fotografieren ⋯⋯ 363
- Fotokopie ⋯⋯ 131
- foulen ⋯⋯ 102
- Frage ⋯⋯ 140
- fragen ⋯⋯ 140
- französisch ⋯⋯ 95
- Frau ⋯⋯ 233
- Frauenklinik ⋯⋯ 310
- Frauen-Universität ⋯⋯ 123
- frei ⋯⋯ 98
- frei ⋯⋯ 164
- Freistoß ⋯⋯ 172
- Fremdsprache ⋯⋯ 133
- Freund ⋯⋯ 262
- Freundin ⋯⋯ 262
- freundlich ⋯⋯ 286
- Freundschaft ⋯⋯ 266
- Freundschaft schließen ⋯⋯ 232
- frisch ⋯⋯ 154
- frisch ⋯⋯ 211
- Friseur (=Frisör) ⋯⋯ 47
- Friseuse (=Frisörin) ⋯⋯ 47
- frisieren ⋯⋯ 46
- Frisiertisch ⋯⋯ 44
- Frisörsalon ⋯⋯ 47
- fröhlich ⋯⋯ 246
- früh ⋯⋯ 344
- früh ⋯⋯ 15
- Frühstück ⋯⋯ 56
- frühstücken ⋯⋯ 65
- fühlen ⋯⋯ 17
- Führerschein ⋯⋯ 278

- Fundsache … 85
- Fünftagewoche … 108
- fürchten … 255
- Fuß … 81
- Fußball … 168
- Fußballmannschaft … 168
- Fußballübertragung … 353
- Fußboden … 183
- Fußgänger … 79
- Fußgängerzone … 84
- Futter … 188

G

- Gabel … 62
- gähnen … 14
- Game … 361
- Gang … 90
- gar … 246
- Garage … 73
- Garantie … 292
- Garantieschein … 292
- Gardine … 182
- garen … 221
- Garnele … 163
- Garten … 72
- Gasherd … 219
- Gaspedal … 274
- Gasse … 78
- Gast … 264
- Gastgeber … 264
- Gasthaus … 329
- Gebäck … 263
- gebären … 269
- Gebäude … 339
- geben … 268
- gebraten … 152
- gebrauchen … 130
- Gebrauchtwagen … 279
- Geburtsdatum … 269
- Geburtsort … 269
- Geburtstag … 264
- Geburtstagskind … 264
- Geburtstagskuchen … 264
- Geburtstagsparty … 262
- Geburtstagstorte … 264
- Gefahr … 97
- gefährlich … 256
- gefallen … 289
- Gefrierfach … 218
- gegen … 376
- Gegenseite … 78
- Gegenstimme … 130
- Gegenwart … 380
- Geheimnummer … 296
- gehen … 82
- Geiziger … 61
- Geiziger … 301
- gekocht … 60
- Gelächter … 245
- gelb … 169
- Geld … 211
- Geldautomat … 297
- Geldbeutel … 31
- Geldschein … 208
- Geldstück … 208
- Geldwechsel … 303
- Gelegenheit … 267
- gemeinsam … 158
- gemütlich … 345
- genesen … 311
- genug … 152
- genügend … 152
- geöffnet … 287
- Gepäckablage … 90
- Gepäckausgabe … 99
- geradeaus … 80
- Geräusch … 378
- geräuschlos … 379
- Gericht … 234

찾아보기 (뒤의 번호는 페이지 번호입니다)

☐ Geruch	371
☐ gesammelt	350
☐ Gesang	360
☐ Geschäft	286
☐ Geschäftsführer	133
☐ Geschäftsführung	132
☐ Geschäftsreise	99
☐ geschehen	279
☐ Geschenk	265
☐ geschickt	175
☐ geschieden	239
☐ Geschirrspülmaschine	218
☐ Geschirrtuch	219
☐ geschlossen	287
☐ Gesichtsmaske	367
☐ Gesichtswasser	45
☐ Gespräch	267
☐ gestreift	290
☐ gesund	176
☐ Gesundheit gefährden	165
☐ Getränk	59
☐ getrennt bezahlen	328
☐ Gewerkschaft	133
☐ Gewicht	321
☐ Gewicht	368
☐ gewinnen	170
☐ gewöhnen	165
☐ Gewohnheit	39
☐ Gewohnheit	165
☐ gießen	326
☐ gießen	75
☐ Gift	311
☐ Gips	308
☐ Glas	326
☐ glatt	24
☐ gleich	267
☐ Gleichgewicht	65
☐ Gleichstand	172
☐ glücklich	230
☐ Glückwunsch!	377

☐ Gold	288
☐ Goldfisch	185
☐ Gold-Medaille	177
☐ Gras	72
☐ gratulieren	268
☐ grau	291
☐ Grippe	307
☐ groß	155
☐ groß	286
☐ Größe	38
☐ Größe	370
☐ Größe	331
☐ grübeln	378
☐ grün	291
☐ gründlich	323
☐ Grundpreis	95
☐ Grundschule	119
☐ Grüner Tee	59
☐ Gruß	269
☐ grüßen	85
☐ Gummihandschuhe	200
☐ Gummistiefel	70
☐ Gürtel	34
☐ gut	17
☐ gut	176
☐ Gymnasium	119

H

☐ Haarband	45
☐ Haare	25
☐ Haargel	47
☐ Haarspray	47
☐ Haartrockner	47
☐ Haartyp	25
☐ Hähnchen	148
☐ halb	152
☐ Halbfinale	173
☐ Halbzeit	172
☐ Halbzeit	172

- Halskette ········· 288
- Hals-Nasen-Ohren-Klinik ········· 310
- Halstuch ········· 35
- Halt ········· 97
- Haltegriff ········· 90
- Halteknopf ········· 94
- halten ········· 174
- halten ········· 188
- Haltestange ········· 90
- Hamburger ········· 236
- Hand geben ········· 236
- Handelsbilanz ········· 300
- Händewaschen ········· 20
- Handschuhe ········· 289
- Handtasche ········· 31
- Handtuch ········· 21
- Handtuchhalter ········· 21
- Handwäsche ········· 203
- Handy ········· 12
- Handzeichen ········· 237
- Handzettel ········· 333
- Hauptdarsteller ········· 248
- Hauptdarstellerin ········· 248
- Hauptrolle ········· 248
- Hauptstraße ········· 84
- Hauptverkehrszeit ········· 96
- Haus ········· 340
- Haushaltswaren ········· 284
- Hausmeister ········· 343
- Haustier ········· 184
- Hautklinik ········· 310
- Hautpflege ········· 371
- Heft ········· 48
- Hefter ········· 51
- Heftgerät ········· 51
- heilen ········· 311
- Heilzweck ········· 370
- Heimat ········· 345
- Heirat ········· 234
- heiraten ········· 234
- heiß ········· 276
- heiß ········· 200
- Heizgerät ········· 185
- Heizung ········· 185
- Heizung ········· 344
- helfen ········· 135
- hell ········· 186
- hellblau ········· 290
- Hemd ········· 35
- herausgegeben ········· 351
- Hering ········· 162
- Herrenmode ········· 285
- herunterladen ········· 362
- heutzutage ········· 379
- Himmel ········· 273
- Hin- und Rückfahrkarte ········· 98
- hin und zurück ········· 98
- hinaufsteigen ········· 360
- hineinfahren ········· 82
- hineingehen ········· 82
- hinfallen ········· 310
- hinreichen ········· 131
- Hobby ········· 360
- hochhackig ········· 31
- Hochhaus ········· 339
- Hochschule ········· 120
- Höchstgeschwindigkeit ········· 278
- Hochzeit ········· 234
- Hochzeitsreise ········· 234
- holen ········· 49
- Honig ········· 57
- hören ········· 348
- Hörsaal ········· 117
- Hose ········· 35
- Hotdog ········· 150
- Hügel ········· 274
- Hummer ········· 163
- Hund ········· 184
- Hunger ········· 64
- hungrig ········· 64

찾아보기 (뒤의 번호는 페이지 번호입니다)

Hupe	274
Husten	306
husten	312
Hut	33

I

ICE	95
Imbiss	149
Imbisslokal	149
immer	363
Import	213
Infektionskrankheit	313
Inland	352
innen	186
installieren	361
interessant	242
interessant	145
Interesse	145
interessieren	145
Internet	358
Interneteinkauf	360
Internetshopping	360
investieren	302
Investition	302
Isolierflasche	63
italienisch	329

J

Jacke	35
Jazz	355
Jeans	34
Job	121
Jogging	254
Jogginganzug	39
Joghurt	153
jung	233
Junge	233
Juwel	288

K

Kaffee	57
Kaffeemaschine	57
Käfig	188
Kakaogetränk	155
Kalorie	153
kalorienarm	153
Kaloriengehalt	153
kalorienreich	153
kalt	331
kalt	276
Kamera	249
Kamillentee	63
Kamm	45
kämmen	46
Kanal	349
Kantine	107
Kapitän	169
kaputtgehen	186
kaputtmachen	187
Kapuzenjacke	39
Karaokebar	160
kariert	290
Karte	262
Karussell	252
Käse	57
Käsebrot	150
Kasse	208
Kasse	299
Kassierer	208
Kassiererin	208
Kasten	320
Katze	12
Katze	184
kaufen	243
Kaufhaus	284
kaum	363
Kaution	345
Kehrblech	193

- Kehricht ⋯ 192
- Kehrichteimer ⋯ 193
- Kehrichtschaufel ⋯ 193
- Keller ⋯ 73
- Kellner ⋯ 326
- kennen lernen ⋯ 267
- kennenlernen ⋯ 232
- Kerze ⋯ 263
- Ketchup ⋯ 222
- Kfz (= Kraftfahrzeug) ⋯ 279
- Kfz-Mechaniker ⋯ 279
- Kfz-Werkstatt ⋯ 279
- Kind ⋯ 257
- Kindergarten ⋯ 119
- Kinderklinik ⋯ 310
- Kino ⋯ 242
- Kinokarte ⋯ 243
- Kinoprogramm ⋯ 244
- Kiosk ⋯ 85
- Kissen ⋯ 182
- Kissen ⋯ 263
- klar ⋯ 276
- Klasse ⋯ 235
- Klasse ⋯ 98
- Klassenraum ⋯ 117
- klassisch ⋯ 354
- Klavier ⋯ 363
- Klebeband ⋯ 51
- Kleber ⋯ 51
- Kleid ⋯ 30
- Kleid ⋯ 35
- Kleiderbügel ⋯ 31
- Kleiderschrank ⋯ 30
- klein ⋯ 155
- klein ⋯ 286
- klein ⋯ 370
- klein schneiden ⋯ 221
- Kleingeld ⋯ 209
- Klimaanlage ⋯ 182
- Klingel ⋯ 341
- Klingel ⋯ 338
- klingeln ⋯ 16
- klingeln ⋯ 341
- Klinik für innere Medizin ⋯ 309
- Klo ⋯ 22
- Klopapier ⋯ 22
- Klosett ⋯ 22
- Kneipe ⋯ 158
- kneten ⋯ 224
- Knoblauch ⋯ 223
- Knochenbruch ⋯ 308
- Knopf ⋯ 30
- knusprig ⋯ 62
- Koch ⋯ 329
- Kochbuch ⋯ 225
- kochen ⋯ 221
- Kochen ⋯ 218
- Köchin ⋯ 329
- Kochrezept ⋯ 225
- Koffer ⋯ 90
- Kohlenhydrat ⋯ 154
- Kohlensäure ⋯ 330
- Kollege ⋯ 105
- Kollegin ⋯ 105
- komisch ⋯ 242
- kommen ⋯ 82
- Kommentar ⋯ 352
- Kommilitone ⋯ 141
- Kommilitonentreffen ⋯ 122
- Kommode ⋯ 33
- Kommunikation ⋯ 133
- Komödie ⋯ 249
- Konferenzraum ⋯ 128
- Konflikt ⋯ 266
- können ⋯ 176
- konservativ ⋯ 188
- Konserve ⋯ 212
- Konto ⋯ 299
- Kontonummer ⋯ 296
- Kontostand ⋯ 296

찾아보기 (뒤의 번호는 페이지 번호입니다)

- konzentrieren ······ 348
- Konzert ······ 247
- köpfen ······ 173
- Kopfhörer ······ 355
- Kopfkissen ······ 12
- Kopfschmerzen ······ 313
- Kopie ······ 131
- Kopierer ······ 131
- koreanisch ······ 328
- Korkenzieher ······ 225
- Korrespondent ······ 352
- Kosmetikabteilung ······ 284
- Kosmetikartikel ······ 44
- kostbar ······ 293
- kostenlos ······ 210
- Krabbe ······ 163
- kräftig ······ 176
- kräftigen ······ 370
- krank ······ 306
- Krankenbesuch ······ 311
- Krankenhaus ······ 306
- Krankenschwester ······ 307
- Kranker ······ 307
- Kranker ······ 307
- Krankheit ······ 311
- Kraulschwimmen ······ 175
- Krawatte ······ 34
- Krebs ······ 163
- Kredit ······ 297
- Kreditkarte ······ 208
- Kreide ······ 117
- Kreuzung ······ 78
- Kritik ······ 352
- kritisieren ······ 137
- Kronleuchter ······ 189
- Küche ······ 218
- Kuchen ······ 150
- Kuchen ······ 263
- Küchenrolle ······ 220
- Kugelschreiber ······ 49
- kühl ······ 276
- kühlen ······ 224
- Kühlschrank ······ 218
- Kultur ······ 165
- kündigen ······ 106
- Kündigung ······ 103
- Kündigung durch den Arbeitgeber ······ 110
- Kündigung durch den Arbeitnehmer ······ 110
- Kündigungsschreiben ······ 110
- Künstler ······ 351
- künstlerisch ······ 351
- Kupon ······ 209
- kurz ······ 74
- kurzärmlig ······ 36
- Kuss ······ 237
- küssen ······ 237

L

- Lache ······ 245
- lächeln ······ 230
- lachen ······ 245
- Lachs ······ 163
- Laden ······ 286
- Ladentisch ······ 211
- Lagerung ······ 212
- Landschaft ······ 273
- lang ······ 74
- langärmlig ······ 36
- langsam ······ 344
- langweilig ······ 244
- Lappen ······ 192
- Laptop ······ 359
- Lärm ······ 16
- Lasagne ······ 152
- lassen ······ 204
- lau ······ 201
- laufen ······ 81

- laufen ... 242
- Laune ... 17
- laut ... 246
- laut ... 344
- Lautsprecher ... 90
- Lautstärke ... 349
- leben ... 312
- Leben ... 377
- Lebenslauf ... 109
- Lebensmittel ... 211
- Lebensmittelabteilung ... 284
- Lebensmittelvergiftung ... 313
- lecker ... 58
- Lederjacke ... 37
- ledig ... 239
- legen ... 374
- Leggings ... 37
- lehren ... 118
- Lehrer ... 117
- Lehrerin ... 117
- leicht ... 321
- leicht ... 142
- leihen ... 297
- Leihwagen ... 279
- Leinwand ... 242
- leise ... 344
- leiten ... 128
- Leitung ... 128
- Lernen ... 118
- lernen ... 118
- Lernen ... 358
- Lesen ... 348
- lesen ... 349
- Leser ... 350
- Lesezeichen ... 361
- letzt ... 94
- Leuchte ... 16
- Leute ... 246
- Lexikon ... 51
- Licht ... 16
- Lichtschalter ... 185
- Lidschatten ... 44
- Liebe ... 235
- lieben ... 235
- Liebesgefühl ... 235
- Liebespaar ... 230
- lieblich ... 238
- Lied ... 360
- Lieferung ... 210
- Lieferung ... 210
- Liege ... 189
- liegen ... 374
- liegen ... 375
- Liegewagen ... 95
- Lift ... 72
- lila ... 291
- Lineal ... 51
- Linie ... 93
- Liniennetz ... 93
- links ... 80
- Lippenstift ... 44
- Livesendung ... 349
- LKW (= Lastkraftwagen) ... 279
- locker ... 164
- Löffel ... 62
- Löffel ... 327
- Lokal ... 160
- Lokalprodukte ... 266
- Lotion ... 44
- Lotterie ... 350
- Luft ... 378
- Luftbefeuchter ... 15
- Luftpost ... 321
- Luftreiniger ... 16
- Luftverschmutzung ... 197
- Lüge ... 238
- luxuriös ... 293
- Luxus ... 286
- Luxusartikel ... 293

찾아보기 (뒤의 번호는 페이지 번호입니다)

M

- machen ··· 375
- Mädchen ··· 233
- Magazin ··· 350
- Magenschmerzen ··· 313
- mager ··· 368
- Magister ··· 122
- mähen ··· 74
- Majonäse ··· 222
- Majonnaise ··· 222
- Make-up ··· 44
- Makler ··· 342
- Mal ··· 300
- manchmal ··· 363
- Maniküre ··· 371
- Mann ··· 233
- Mannschaft ··· 171
- Mantel ··· 35
- Marke ··· 293
- Markenartikel ··· 293
- Markt ··· 213
- Marktplatz ··· 84
- Markttag ··· 213
- Marmelade ··· 57
- Mascara ··· 45
- Maske ··· 265
- Maskenparade ··· 252
- Massage ··· 366
- maßvoll ··· 161
- Material ··· 130
- Matratze ··· 13
- Maus ··· 358
- Medikament ··· 308
- Meer ··· 274
- Meeresfrüchte ··· 162
- mehr ··· 259
- mehrere ··· 293
- Mehrheit ··· 137
- Mehrwegflasche ··· 197
- Meinung ··· 129
- Mensa ··· 116
- Menü ··· 153
- Messbecher ··· 220
- messen ··· 368
- Messer ··· 62
- Messer ··· 219
- Messerschärfer ··· 225
- Miete ··· 342
- mieten ··· 342
- Mieter ··· 342
- Mietshaus ··· 342
- Mietvertrag ··· 343
- Mikrowelle ··· 218
- Milch ··· 56
- Milchprodukte ··· 212
- Milchshake ··· 149
- mild ··· 154
- Minderheit ··· 137
- mindestens ··· 212
- Mindesthaltbarkeitsdatum ··· 212
- Mineralwasser ··· 330
- Minirock ··· 37
- mischen ··· 221
- Misserfolg ··· 378
- Missverständnis ··· 133
- missverstehen ··· 133
- mitbringen ··· 256
- mitnehmen ··· 332
- Mittagessen ··· 148
- Mittagsbrot ··· 151
- Mittagspause ··· 151
- Mittagsschlaf ··· 257
- mitteilen ··· 131
- mittel ··· 155
- Mittel ··· 314
- mittelbar ··· 355
- Mittelfeldspieler ··· 169
- Mittelschule ··· 119
- Mitternacht ··· 353

- Möbel 187
- Möbel 284
- möbliert 343
- möchte 333
- Mode 38
- Moderator 351
- modern 187
- Möglichkeit 256
- möglichst 300
- Monatsgehalt 108
- Monatskarte 91
- Mond 379
- Monitor 358
- Morgen 14
- Morgendämmerung 377
- Morgengrauen 377
- morgens 15
- Motor 278
- müde 339
- Müdigkeit 339
- Müll 192
- Müllabfuhrtag 194
- Müllcontainer 196
- Mülleimer 193
- Mülltonne 196
- Mülltrennung 196
- Mülltüte 193
- mündlich 143
- Münze 208
- Münzwaschmaschine 203
- Muschel 162
- Musical 247
- Musikhochschule 120
- Müsli 56
- müßig 339
- Mütze 33

N

- nach 95
- Nachbar 345
- Nachbarin 345
- Nachfolger 265
- nachfüllen 327
- Nachricht 135
- Nachricht 322
- Nachrichten 350
- Nachspann 249
- Nachspeise 327
- Nacht 381
- Nachtarbeit 111
- Nachtstille 375
- Nachtszene 277
- Nachtzug 98
- Nadel 202
- Nagelknipser 371
- Nagellack 371
- nah 83
- Näharbeit 202
- nähen 203
- Nähmaschine 203
- Name 320
- Nasenschleim 306
- Navigationsgerät 273
- Nebenkosten 345
- Nebenwirkung 315
- nehmen 268
- Netzwerk 362
- neu 233
- neu 340
- neuerdings 379
- Nichtraucherzone 107
- Nickerchen 96
- nie 363
- Niederlage 177
- niedlich 238
- niemals 363
- Niesen 306
- normal 25
- normal 321

Notausgang	243
Note	142
Note	120
Notgroschen	300
notieren	129
Notiz	129
Nudel	150
nützlich	315

O

Oberschule	119
Obstkuchen	151
öffentlich	92
öffnen	338
Öffnungszeit	287
oft	363
Ohrring	32
Oktopus	163
Öl	223
Olivenöl	223
Omelett(e)	60
Operation	309
operieren	311
orange	291
Orchester	247
ordnen	134
Ordnung	195
Ordnung	134
Ort	230

P

Päckchen	320
Paket	320
Pantoffeln	22
Papier	104
Papierfetzen	192
Papiertüte	209
Pappbecher	63
Parade	252
Parfüm	44
Park	252
Parkplatz	285
Party	265
Party	264
passen	289
passen	38
passieren	279
passiv	164
Passivrauchen	164
Pause	107
Pension	110
per	320
Person	329
Personal	133
Personalchef	132
Personenwaage	369
Perücke	47
Pfanne	219
Pfannkuchen	60
Pfeffer	222
Pfefferminztee	63
Pfeil	80
pflanzen	74
pflegen	371
Pickel	25
Picknick	256
Picknickkorb	256
Pinsel	45
Pizza	150
PKW (= Personenkraftwagen)	279
Plastikbeutel	209
Platz	243
platzen	277
plaudern	247
plaudern	149
plötzlich	310
Pokal	173
Pommes frites	148

☐ Popcorn	243	☐ Radiergummi	51
☐ Popsong	354	☐ Radio	183
☐ Portemonnaie	31	☐ Rasen	72
☐ Porto	323	☐ Rasiercreme	24
☐ Porzellan	225	☐ rasieren	23
☐ Post	318	☐ Rasierer	21
☐ Postamt	318	☐ Rasierschaum	24
☐ Postbeamter	318	☐ Ratenzahlung	209
☐ Postbeamter	318	☐ rauchen	164
☐ Postbeamtin	318	☐ Rauchen	188
☐ Postbote	320	☐ Raucherraum	107
☐ Postkarte	318	☐ Raucherzimmer	107
☐ Postleitzahl	319	☐ rauchfrei	107
☐ prächtig	238	☐ rauskommen	80
☐ Preis	285	☐ Realschule	119
☐ Preisschild	285	☐ Rechnung	327
☐ Premiere	245	☐ recht	136
☐ pressen	23	☐ rechts	80
☐ Pro und Kontra	137	☐ Recycling	194
☐ probieren	153	☐ Redaktion	353
☐ Professor	118	☐ Referat	137
☐ Pros(i)t!	158	☐ Regel	168
☐ Protagonist	248	☐ Regenschirm	71
☐ Prüfung	142	☐ Regisseur	248
☐ Puder	44	☐ reich	301
☐ Pullover	35	☐ reichhaltig	154
☐ pünktlich	231	☐ Reifen	272
☐ putzen	23	☐ Reihe	243
☐ putzen	22	☐ Reihenfolge	297
☐ putzen	194	☐ reinigen	204
☐ Putzfrau	194	☐ Reinigung	202
		☐ Reinigung	202
		☐ Reinigungscreme	366

Q

☐ Quittung ········ 210
☐ Quizsendung ········ 350

R

☐ Rabatt ········ 210

☐ Reis ········ 60
☐ Reise ········ 276
☐ reisen ········ 276
☐ Reisepass ········ 99
☐ Reiskelle ········ 220
☐ Reiskocher ········ 219
☐ Reißverschluss ········ 30

찾아보기

(뒤의 번호는 페이지 번호입니다)

- rekeln ⋯⋯⋯ 14
- Reklame ⋯⋯⋯ 244
- renovieren ⋯⋯⋯ 343
- Renovierung ⋯⋯⋯ 343
- Rente ⋯⋯⋯ 298
- Rente ⋯⋯⋯ 109
- Rentner ⋯⋯⋯ 109
- reparieren ⋯⋯⋯ 187
- reserviert ⋯⋯⋯ 243
- Reservierung ⋯⋯⋯ 327
- Restaurant ⋯⋯⋯ 326
- Rezept ⋯⋯⋯ 308
- richtig ⋯⋯⋯ 144
- Richtung ⋯⋯⋯ 82
- riechen ⋯⋯⋯ 371
- Riesenrad ⋯⋯⋯ 252
- Rindfleisch ⋯⋯⋯ 62
- Ring ⋯⋯⋯ 288
- Rock ⋯⋯⋯ 30
- Rockmusik ⋯⋯⋯ 354
- roh ⋯⋯⋯ 224
- Rohfisch ⋯⋯⋯ 161
- Rolle ⋯⋯⋯ 248
- Rollenbesetzung ⋯⋯⋯ 351
- Rollkragen ⋯⋯⋯ 36
- Rolltreppe ⋯⋯⋯ 285
- Roman ⋯⋯⋯ 349
- Röntgenstrahlen ⋯⋯⋯ 308
- rosa ⋯⋯⋯ 291
- rösten ⋯⋯⋯ 221
- rot ⋯⋯⋯ 290
- Rotwein ⋯⋯⋯ 161
- Rouge ⋯⋯⋯ 44
- Rückenschwimmen ⋯⋯⋯ 175
- Rückgeld ⋯⋯⋯ 211
- Rucksack ⋯⋯⋯ 34
- Rücksendung ⋯⋯⋯ 210
- Rückzahlung ⋯⋯⋯ 210
- rufen ⋯⋯⋯ 330
- ruhen ⋯⋯⋯ 338
- ruhig ⋯⋯⋯ 186
- ruhig ⋯⋯⋯ 344
- Rührei ⋯⋯⋯ 151
- rühren ⋯⋯⋯ 222
- Rund-Ausschnitt ⋯⋯⋯ 37
- Rundfunkanstalt ⋯⋯⋯ 353
- Rushhour ⋯⋯⋯ 96
- Rutsche ⋯⋯⋯ 253

S

- Sackgasse ⋯⋯⋯ 78
- Saft ⋯⋯⋯ 59
- sagen ⋯⋯⋯ 136
- Salat ⋯⋯⋯ 60
- Salbe ⋯⋯⋯ 309
- Salz ⋯⋯⋯ 222
- salzig ⋯⋯⋯ 59
- sammeln ⋯⋯⋯ 303
- sammeln ⋯⋯⋯ 246
- Sand ⋯⋯⋯ 254
- Sandalen ⋯⋯⋯ 71
- Sandaletten ⋯⋯⋯ 71
- Sandwich ⋯⋯⋯ 150
- Sänger ⋯⋯⋯ 354
- Sängerin ⋯⋯⋯ 354
- satt ⋯⋯⋯ 64
- sauber ⋯⋯⋯ 24
- sauber ⋯⋯⋯ 193
- Sauberkeit ⋯⋯⋯ 195
- Saubermachen ⋯⋯⋯ 192
- säubern ⋯⋯⋯ 203
- sauer ⋯⋯⋯ 59
- Sauna ⋯⋯⋯ 369
- schädlich ⋯⋯⋯ 315
- Schal ⋯⋯⋯ 36
- Schale ⋯⋯⋯ 61
- schälen ⋯⋯⋯ 220
- Schalter ⋯⋯⋯ 318
- schämen ⋯⋯⋯ 237

- scharf ······ 59
- scharf ······ 155
- Schaufenster ······ 287
- Schaukel ······ 253
- Schaumbad ······ 367
- schäumen ······ 368
- Schauspieler ······ 244
- Schauspielerin ······ 244
- Scheck ······ 298
- Scheibe ······ 62
- scheiden ······ 239
- Scheln ······ 211
- scheinen ······ 275
- Scheinwerfer ······ 273
- Scheitel ······ 47
- Schere ······ 51
- schick ······ 231
- Schiedsrichter ······ 168
- schießen ······ 173
- Schiff ······ 320
- Schinken ······ 57
- Schirmständer ······ 71
- Schlaf ······ 374
- Schlafanzug ······ 13
- Schlafen ······ 374
- schlafen ······ 17
- schlaflos ······ 379
- Schlaflosigkeit ······ 375
- Schlafmangel ······ 16
- Schlafmangel ······ 379
- Schlafmittel ······ 314
- Schlafmittel ······ 379
- schläfrig ······ 14
- schläfrig ······ 374
- Schläfrigkeit ······ 374
- Schlafstörung ······ 379
- Schlafwagen ······ 95
- Schlafzimmer ······ 12
- Schlager ······ 354
- Schlange ······ 253

- schlank ······ 368
- Schlauch ······ 200
- schlecht ······ 17
- schlecht ······ 176
- schließen ······ 341
- schließen ······ 50
- schlimmst ······ 378
- Schlips ······ 34
- Schlüssel ······ 72
- Schlüsseletui ······ 72
- Schlüsselring ······ 72
- Schlussverkauf ······ 284
- schmecken ······ 58
- schmerzlindernd ······ 314
- Schmerzmittel ······ 314
- schminken ······ 45
- schmoren ······ 221
- Schmuck ······ 284
- schmücken ······ 189
- schmücken ······ 265
- Schmuckkästchen ······ 32
- schmucklos ······ 189
- schmutzig ······ 25
- schmutzig ······ 193
- schnarchen ······ 376
- schnäuzen ······ 25
- Schneidebrett ······ 219
- schneiden ······ 46
- schneiden ······ 24
- schneiden ······ 46
- schnell ······ 344
- schneller ······ 322
- Schnellgaststätte ······ 148
- Schnellzug ······ 95
- Schnitzel ······ 153
- Schokogeschmack ······ 155
- Schokolade ······ 263
- schön ······ 273
- schon ······ 322
- Schöne ······ 238

찾아보기 (뒤의 번호는 페이지 번호입니다)

찾아보기 (뒤의 번호는 페이지 번호입니다)

Schöpfkelle	220
schreiben	141
Schreibtisch	47
schreien	268
schriftlich	143
Schrimp	163
schrumpfen	204
Schublade	48
Schublade	33
schüchtern	237
schüchtern	165
Schuhanzieher	71
Schuhe	71
Schuhlöffel	71
Schuhschrank	70
Schulbuch, Schulbücher	49
Schuldirektor	118
Schule	116
Schuleintritt	118
Schüler	122
Schülerermäßigung	120
Schülerheim	116
Schülerin	122
Schulkamerad	122
Schulkantine	116
schultern	33
Schuluniform	123
Schulzimmer	117
Schürze	224
Schüssel	220
Schüssel	61
Schüttelfrost	306
Schutzhelm	320
schwach	160
schwach	176
Schwamm	117
schwanger	91
schwanken	239
schwarz	291
schwarz	24
schwarzes Brett	116
Schwarztee	59
schwätzen	149
Schweinefleisch	62
Schweiß	177
schwer	321
schwer	142
Schwierigkeit	323
Schwimmbad	174
schwimmen	174
schwitzen	177
See	254
See	275
sehen	348
Sehnsucht	345
seicht	174
Seide	205
Seife	24
Seife	21
Seifenschale	21
Seilbahn	255
Seite	79
Seite	79
Seite	78
Sekretär	132
Sekretärin	132
Sekt	160
selbstbewusst	176
Selbstbewusstsein	177
selten	363
seltsam	363
Semester	287
Semesterende	144
Seminar	140
Seminararbeit	141
senden	318
Sendung	353
Senf	222
Senior	259
Serviette	327

□ Serviette	63
□ Sesam	223
□ Sesamöl	223
□ Sessel	182
□ Shampoo	366
□ sicher	256
□ sicher	311
□ Sicherheitsgurt	272
□ sichtlich	370
□ Sieg	177
□ Sieger	174
□ Silber	288
□ Silber-Medaille	177
□ singen	160
□ singen	361
□ sinken	174
□ sinken	109
□ Situation	370
□ Sitz	272
□ sitzen	91
□ Sitzplatz	243
□ Sitzung	128
□ Slip	37
□ Snack	149
□ Sneakers	71
□ Socken	34
□ Sofa	182
□ Sojasoße	222
□ Sommerferien	121
□ Sommersemester	143
□ sonderbar	363
□ Sonne	379
□ Sonne	275
□ Sonnenbad	257
□ Sonnenbrille	257
□ Sonnenschein	184
□ Sonnenschutzcreme	257
□ sonnig	184
□ sorgen	312
□ sortieren	205
□ Soße	222
□ Spag(h)etti	150
□ Spam	359
□ Sparbuch	296
□ sparen	302
□ Sparkasse	299
□ sparsam	302
□ Sparsamkeit	302
□ Sparsamkeit	196
□ spät	15
□ spät	344
□ Spazierfahrt	272
□ speichern	362
□ Speise	60
□ Speiseeis	155
□ Speisekarte	326
□ spicken	142
□ Spiegel	21
□ Spiegelei	60
□ Spiel	170
□ spielen	170
□ spielen	252
□ spielen	248
□ Spieler	171
□ Spielstand	172
□ Spielzeug	293
□ Sport	168
□ Sportabteilung	284
□ Sportanzug	169
□ Sportplatz	169
□ Sportschuhe	34
□ sprechen	136
□ Sprechstunde	309
□ Spritze	307
□ Spülbecken	218
□ spülen	22
□ Spüllappen	219
□ Spülung	366
□ Stadion	168
□ Stadt	340

찾아보기 (뒤의 번호는 페이지 번호입니다)

- Stadtbewohner ········ 341
- Stadtmitte ········ 341
- Stadtrand ········ 341
- Stammgast ········ 158
- Stammlokal ········ 158
- Standuhr ········ 230
- Standventilator ········ 183
- Star ········ 248
- stark ········ 160
- stark ········ 176
- Station ········ 91
- Staub ········ 192
- Staubsauger ········ 193
- Staubwischer ········ 196
- stauen ········ 83
- staunen ········ 268
- Steak ········ 152
- Steckdose ········ 183
- stecken ········ 49
- Stecker ········ 185
- stehen ········ 91
- stehlen ········ 302
- steigen ········ 109
- stellen ········ 16
- stellen ········ 187
- Stellwand ········ 104
- Stereoanlage ········ 185
- Stern ········ 380
- Sternbild ········ 380
- Steuer ········ 111
- Steuer ········ 272
- Stiefel ········ 70
- Stiel ········ 195
- Stifteetui ········ 48
- still ········ 344
- Stimmung ········ 165
- stinken ········ 196
- Stipendiat ········ 123
- Stipendium ········ 123
- Stock ········ 287
- Stöckelschuhe ········ 31
- Stoff ········ 205
- stören ········ 247
- Strand ········ 275
- Straße ········ 78
- Straßenbahn ········ 96
- Straßenfeger ········ 195
- Straßenüberführung ········ 79
- strecken ········ 14
- Streit ········ 266
- Stress ········ 254
- Stricken ········ 361
- stricken ········ 361
- Strickjacke ········ 35
- Strohhalm ········ 149
- strömen ········ 253
- Strümpfe ········ 31
- Stück ········ 151
- Student ········ 123
- Studentenausweis ········ 141
- Studentenermäßigung ········ 121
- Studentenhaus ········ 116
- Studentenwohnheim ········ 116
- Studentin ········ 123
- Studienfach ········ 142
- Studiengebühren ········ 120
- Studiumunterbrechung ········ 121
- Stuhl ········ 49
- Stundenplan ········ 51
- Stürmer ········ 169
- stürzen ········ 310
- suchen ········ 50
- Supermarkt ········ 286
- Suppe ········ 60
- Suppenschöpfer ········ 220
- surfen ········ 376
- Sushi ········ 162
- süß ········ 58
- sympathisch ········ 238
- Symptom ········ 306

426

- Szenario ··· 249

T

- Tablett ··· 61
- Tablette ··· 308
- Tafel ··· 117
- Tagebuch ··· 360
- Tagesmenü ··· 151
- Tanz ··· 361
- tanzen ··· 164
- tanzen ··· 361
- Tänzer ··· 354
- Tänzerin ··· 354
- Tapete ··· 184
- Tasche ··· 85
- Tasche ··· 34
- Taschenrechner ··· 104
- Taschenschirm ··· 70
- Taschentuch ··· 25
- Tasse ··· 63
- Tasse ··· 327
- Tastatur ··· 358
- Taxi ··· 94
- Taxistand ··· 94
- Taxitarif ··· 95
- Team ··· 170
- Teddybär ··· 13
- Tee ··· 59
- Teich ··· 254
- Teilnahme ··· 129
- Telefon ··· 131
- Telefonverbindung ··· 134
- Telefonzelle ··· 92
- Telegramm ··· 322
- Teller ··· 57
- Temperatur ··· 186
- Tempolimit ··· 83
- Teppich ··· 184
- teuer ··· 286
- Theater ··· 246
- Thema ··· 128
- Thermometer ··· 306
- Thunfisch ··· 162
- tief ··· 174
- Tintenfisch ··· 163
- Tisch ··· 183
- Tischdecke ··· 56
- Tischlampe ··· 12
- Toast ··· 56
- Toaster ··· 56
- Tod ··· 377
- Tofu ··· 162
- Toilette ··· 22
- Toilettenpapier ··· 22
- Toilettentisch ··· 44
- Topf ··· 219
- Topfuntersetzer ··· 225
- Tor ··· 173
- Torte ··· 263
- Torwart ··· 169
- Tracht ··· 290
- traditionell ··· 187
- tragen ··· 32
- tragen ··· 343
- Träger ··· 38
- Tragödie ··· 249
- Trainer ··· 168
- Trainerin ··· 168
- trainieren ··· 177
- Trainingsanzug ··· 39
- Träne ··· 245
- Traum ··· 375
- träumen ··· 376
- traumlos ··· 376
- traurig ··· 244
- treffen ··· 231
- trendy ··· 187
- trennen ··· 232
- Treppe ··· 73

찾아보기 (뒤의 번호는 페이지 번호입니다)

treten	274
treu	237
Treue halten	236
trinken	58
Trinkgeld	328
Trinkhalm	149
trocken	25
trocken	202
trocknen	46
trocknen	201
trübe	276
T-Shirt	34
Tunnel	82
Tür	182
Türdrücker	70
Türgriff	70
Turnhalle	116
Turnschuhe	34
Türschloss	70
Tüte	209

U

U-Bahn	90
U-Bahnstation	92
Übelkeit	313
üben	176
über	259
überarbeiten	135
überfließen	368
überfüllt	96
übergeben	136
übergeben	312
überqueren	81
überrascht	268
Überstunde	111
übertragen	353
Übertragung	353
überweisen	296
umarmen	236
umbinden	39
Umgebung	344
Umgehungsstraße	97
umkehren	80
Umkleidekabine	289
umsteigen	93
Umtausch	210
Umwelt	197
umweltfeindlich	197
umweltfreundlich	197
Umweltschutz	197
umziehen	32
umziehen	197
Umzug	343
unbedingt	277
unbequem	82
unbeschäftigt	107
unbezahlbar	293
unecht	292
unerwidert	235
ungenießbar	58
ungeschickt	175
Ungleichgewicht	65
Uniform	104
uninteressant	244
Universität	120
Unkraut	75
unmittelbar	355
unordentlich	50
unter	259
unterbrechen	134
untergehen	380
Untergeordneter	105
Untergeschoss	287
unterhalten	90
Unterhemd	30
Unterhose	37
Unterlage	374
unterrichten	118
Unterrichtsmaterial	117

- unterschreiben ··· 297
- Unterschrift ··· 297
- untertauchen ··· 174
- Untertitel ··· 249
- Unterwäsche ··· 37
- untreu ··· 238
- Urlaub ··· 108

V

- Vanillegeschmack ··· 155
- Vase ··· 183
- Vegetarier ··· 332
- verabreden ··· 236
- Verabredung ··· 230
- verabschieden ··· 232
- veranstalten ··· 143
- veranstalten ··· 355
- verbinden ··· 135
- verboten ··· 259
- Verbrauch ··· 301
- Verbraucher ··· 211
- verbrennen ··· 194
- verbringen ··· 233
- Verdauung ··· 314
- Verdauungsbeschwerden ··· 313
- verderben ··· 165
- verderben ··· 224
- verdienen ··· 303
- Vergangenheit ··· 381
- Vergiftung ··· 311
- vergleichen ··· 323
- Vergnügungspark ··· 252
- verheiratet ··· 239
- verirrt ··· 253
- verkaufen ··· 244
- Verkäufer ··· 285
- Verkäuferin ··· 285
- Verkaufsstand ··· 211
- Verkaufstisch ··· 211
- Verkehrsstockung ··· 83
- Verkehrsunfall ··· 83
- Verkehrszeichen ··· 79
- Verlängerung ··· 171
- verlassen ··· 239
- verlieben ··· 235
- verlieren ··· 259
- verlieren ··· 170
- Verlierer ··· 174
- Verlobte ··· 234
- Verlobter ··· 234
- Verlobter ··· 234
- Verlobung ··· 234
- verloren ··· 50
- vermehren ··· 300
- vermieten ··· 342
- Vermieter ··· 342
- vermissen ··· 236
- vernachlässigen ··· 135
- verpassen ··· 93
- verringern ··· 301
- Versandkosten ··· 323
- verschieben ··· 135
- verschlafen ··· 14
- verschwenden ··· 303
- verschwenderisch ··· 303
- Verschwendung ··· 196
- verschwinden ··· 259
- versenden ··· 323
- Versicherung ··· 298
- versöhnen ··· 266
- Versöhnung ··· 266
- verspäten ··· 106
- Verspätung ··· 106
- Versprechen ··· 236
- Verständnis ··· 133
- verstehen ··· 133
- verstopfen ··· 22
- Verstopfung ··· 314
- Verteidiger ··· 169

- verteilen ... 134
- Vertrag ... 136
- verwelken ... 75
- Videorekorder ... 183
- viel ... 258
- vielleicht ... 267
- Viertelfinale ... 173
- Villa ... 340
- violett ... 291
- Visitenkarte ... 131
- Vogel ... 184
- voll ... 161
- Vollpension ... 342
- von ... 95
- vorbehalten ... 135
- vorbeigehen ... 83
- vorbeikommen ... 84
- Vorbereitung ... 142
- vorführen ... 242
- Vorgänger ... 265
- Vorgesetzte ... 105
- Vorgesetzter ... 105
- Vorgesetzter ... 105
- vorlegen ... 134
- Vorlesung ... 140
- Vorort ... 258
- Vorschau ... 242
- Vorschlag ... 129
- Vorsicht ... 97
- Vorsitzender ... 128
- Vorsitzender ... 128
- Vorstadt ... 341
- Vorstandsvorsitzender ... 131
- Vorstellung ... 232
- Vorstellungsgespräch ... 110
- vortrefflich ... 275
- vorzeigen ... 141

W

- Waage ... 318
- wachsen ... 24
- wachsen ... 24
- wählen ... 32
- Währung ... 303
- Wand ... 182
- wanken ... 160
- Ware ... 210
- Ware ... 209
- warm ... 200
- wärmen ... 224
- warten ... 231
- Waschbecken ... 20
- Wäsche ... 200
- Wäschekorb ... 200
- Wäscheleine ... 201
- waschen ... 20
- Wäscherei ... 203
- Wäscheständer ... 205
- Wäschetrockner ... 205
- Waschmaschine ... 200
- Waschmittel ... 201
- Waschpulver ... 201
- Waschsalon ... 203
- Waschzeug ... 23
- Wasser ... 21
- Wasserhahn ... 21
- Wasserkessel ... 220
- Wasserkocher ... 220
- Wasserspülung ... 22
- Wasserzerstäuber ... 204
- WC ... 22
- Website ... 359
- wechseln ... 303
- wechseln ... 278
- wecken ... 13
- Wecker ... 12
- Weg ... 78
- wegwerfen ... 193
- wehtun ... 315

- Weichspüler ······ 201
- Wein ······ 159
- weinen ······ 245
- Weinkarte ······ 330
- Weinliste ······ 330
- weiß ······ 23
- Weißwein ······ 161
- weit ······ 83
- weitermachen ······ 136
- Weizenmehl ······ 223
- Welt ······ 352
- Weltmeisterschaft ······ 173
- wenig ······ 258
- wenige ······ 258
- weniger als ······ 259
- Werbung ······ 90
- Werbung ······ 244
- werfen ······ 173
- Wertpapier ······ 300
- Weste ······ 35
- Wetter ······ 275
- Wetterbericht ······ 350
- Wettervorhersage ······ 275
- Whisky ······ 159
- wichtig ······ 312
- widerrufen ······ 327
- wie viel ······ 85
- wieder ······ 82
- Wiederheirat ······ 239
- Wiederholen ······ 142
- Wiederholungssendung ······ 350
- Wiederverwertung ······ 194
- wiegen ······ 323
- Wille ······ 267
- willkommen ······ 269
- wimmeln ······ 258
- Wimperntusche ······ 45
- winken ······ 231
- Winterferien ······ 121
- Wintersemester ······ 143
- Wippe ······ 254
- wirken ······ 315
- wirklich ······ 235
- Wirkung ······ 315
- Wirt ······ 330
- Wirtin ······ 330
- Wirtschaft ······ 352
- wischen ······ 195
- Woche ······ 322
- Wochenende ······ 102
- Wochentage ······ 102
- Wodka ······ 159
- Wohl ······ 158
- wohlschmeckend ······ 58
- wohnen ······ 339
- Wohnung ······ 340
- Wohnungseingang ······ 70
- Wohnungstür ······ 70
- Wohnzimmer ······ 182
- Wolke ······ 275
- Wolldecke ······ 13
- Wolle ······ 205
- Wörterbuch ······ 48
- Wunde ······ 312
- wundervoll ······ 275
- wünschen ······ 331
- Wurm ······ 74
- Wurst ······ 152
- Wurstbrot ······ 150
- würzig ······ 154

Z

- zäh ······ 152
- zahlen ······ 208
- zahlen ······ 328
- Zahltag ······ 108
- Zahnarztpraxis ······ 310
- Zahnbürste ······ 20
- Zahnbürstenhalter ······ 20

찾아보기 (뒤의 번호는 페이지 번호입니다)

- Zahncreme ········ 21
- Zähneputzen ········ 20
- Zahnpasta ········ 21
- Zahnschmerzen ········ 313
- Zaun ········ 75
- Zebrastreifen ········ 79
- Zeichentrickfilm ········ 350
- Zeit ········ 231
- Zeitkartenmaschine ········ 104
- Zeitplan ········ 134
- Zeitung ········ 349
- zerbrechen ········ 333
- zerbrochen ········ 196
- Zerkleinerer ········ 225
- ziemlich ········ 246
- Zigarette ········ 188
- Zimmer ········ 12
- Zimmerdecke ········ 183
- Zins ········ 298
- Zoo ········ 255
- zubereiten ········ 58
- Zubereitung ········ 58
- Zucker ········ 222
- Zug ········ 95
- Zugabe ········ 247
- Zuhörer ········ 354
- Zukunft ········ 381
- Zunahme ········ 301
- zunehmen ········ 213
- zunehmen ········ 369
- zurückgeben ········ 297
- zurückgehen ········ 136
- zurückgehen ········ 345
- zurückkommen ········ 338
- zusammen ········ 235
- zusammenkommen ········ 246
- zusammenlegen ········ 204
- Zuschauer ········ 348
- zuständig ········ 134
- zustimmen ········ 130
- Zustimmung ········ 130
- zuzwinkern ········ 237
- Zweck ········ 99
- Zweietagenhaus ········ 340
- zweit ········ 143
- zweite Stock ········ 287
- Zwischenmahlzeit ········ 369